Willkommen im Museum der Königlichen Füsiliere, einem von vier Museen des Königlichen Regiments der Füsiliere.

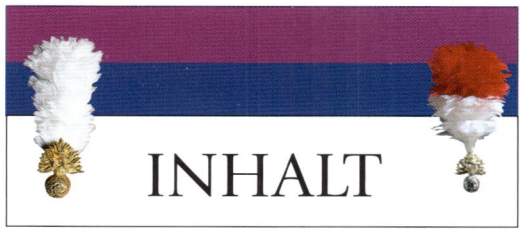 

'Macht weiter, Jungs'

INHALT

DIE ANFÄNGE DES REGIMENTS	SEITE 2
ZUM ERSTEN MAL IM GEFECHT	4
ANWERBUNG & AUSBILDUNG IM 18. JAHRHUNDERT	5
ARMEESOLD & PRIVILEGIEN	6
DAS LEBEN & DIE STRAFEN IN DER ARMEE	6
EUROPÄISCHE FELDZÜGE	7
DER AMERIKANISCHE UNABHÄNGIGKEITSKRIEG	8
EIN MITLGIED DES KÖNIGSHAUSES ÜBERNIMMT DAS KOMMANDO	10
DIE NAPOLEONISCHEN KRIEGE	12
DER KRIEG IN SPANIEN GEGEN FRANKREICH	14
DIE SCHLACHT VON ALBUHERA	16
SIEG IN SPANIEN	18
DIE JAHRE DES FRIEDENS	20
DER KRIMKRIEG	22
DIE FÜSILIERE ALS ORDNUNGSHÜTER DES EMPIRE	26
ERNSTE KONFLIKTE	28
DER BURENKRIEG	30
TIBET	32
FREIWILLIGE & LANDWEHR	33
DER ERSTE WELTKRIEG	34
DER ZWEITE WELTKRIEG	38
DER KOREANISCHE KRIEG	42
NORDIRLAND	44
DER GOLFKRIEG	45
DER KONFLIKT AUF DEM BALKAN	47
DAS MUSEUM DES KÖNIGLICHEN REGIMENTS DER FÜSILIERE	48
DAS VIKTORIAKREUZ	RÜCKSEITE INNEN

Ich bin auf das Museum und seine Sammlung, welche die lange und ruhmreiche Geschichte der Königlichen Füsiliere und in jüngerer Zeit des Königlichen Regiments der Füsiliere zum Leben erwecken und ehren, sehr stolz.

Evokative Ausstellungstücke vermischen sich mit historischen Erinnerungsstücken aus längst vergangenen Konflikten und Triumphen und vermitteln uns gemeinsam einen faszinierenden Einblick in die Geschichte Großbritanniens und der Welt.

Das Museum ist im Tower von London Ihrer Majestät untergebracht, dem traditionellen Zuhause des Regiments und wurde im November 1962 von Ihrer Königlichen Hoheit Prinzessin Marina, der Herzogin von Kent, eröffnet und man kann sich keinen besseren oder auch passenderen Ort für ein Museum über Militärgeschichte denken.

Ich hoffe sehr, daß Ihnen Ihr Besuch Freude macht.

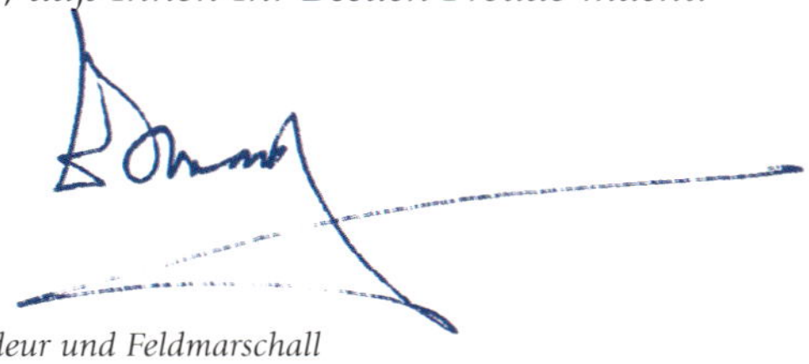

Regimentskommandeur und Feldmarschall
Seine Königliche Hoheit, der Herzog von Kent, KG

DAS MUSEUM DES KÖNIGLICHEN REGIMENTS DER FÜSILIERE

Großes Bild (rechts): Der Zündmechanismus eines Steinschloßgewehrs

Das Regiment erhielt seinen Namen von der neuen Muskete, die eine bedeckte Zündkammer hatte, um das Risiko, daß Funken das von der Artillerie verwendete Schießpulver entzündeten, auf einem Minimum zu halten.

DIE ANFÄNGE

'Für unseren wahrhaft treuen und verehrten Ratgeber, George Lord Dartmouth'. Diese Worte, die auf den 11. Juni 1685 zurückgehen, führen die Kommission ein, die Lord Dartmouth von König Jakob II. übergeben wurde, damit er als Oberst 'Unsere Königliches Regiment der Füsiliere' aufstelle.'

'Macht weiter, Jungs'

London 1685

DIE ANFÄNGE DES REGIMENTS

Im Juni 1648 wurde die sogenannte 'Tower Guard' (Tower-Wache) als Teil der 'Trained Bands of The Tower of London and its Hamlets' (d.h. der ausgebildeten Truppe des Londoner Towers und der umliegenden Weiler) gebildet. Das Regiment übernahm den Namen seines Oberst und war zudem unter dem Namen 'The Tower Regiment of Foot' bekannt und bildete einen Teil von Oliver Cromwells neuer Modellarmee. Am 11. Oktober 1669 wurde George Legge zum Hauptmann einer 'Independent Company', also einer unabhängigen Kompanie, ernannt und am 7. Dezember 1670 wurde er dann zum Generalleutnant der Artillerie und im März 1685 zum Generalfeldzeugmeister ernannt, wobei er alle diese Posten innerhalb des Towers inne hatte, wo die königliche Artillerie in Auftrag gegeben und hergestellt wurde. Er kommandierte zudem ein sogenanntes 'Regiment of Foot' (Infanterieregiment), das ab 18. Februar 1678 bis zu dessen Auflösung im Jahr 1679 seinen Namen trug. George Legge wurde am 2. Mai 1685 zum Wachtmeister der Towers ernannt und hatte als solcher zusätzlich die Rolle des Befehlshabenden Offiziers der Miliz der Tower Hamlets inne, deren Nachfolger im Jahr 1903 das 4th Volunteer Battalion Royal Fusiliers, d.h. das 4. Freiweilligenbataillon der Königlichen Füsiliere, wurde.

Am 11. Juni 1685 stellte George Legge, der inzwischen Lord Dartmouth geworden war, auf königlichen Befehl das 'Ordnance Regiment' (Artillerieregiment) auf, das schon bald auf Wunsch des Königs als *"Our Royal Regiment of Fuzileers"* von seiner ehemaligen Rolle als Tower-Wache zum Schutz des Artilleriefeldzeugs eingesetzt wurde. Die 'Independant Company of Miners' (Unabhängige Artilleriekompanie), die ebenfalls im Tower untergebracht war, wurde dieser Gründung hinzugefügt. Eine weitere Kompanie, nämlich die 'Independent Company of Foot' (Unabhängige Infanteriekompanie) innerhalb des Towers stand unter dem Befehl von Robert St. Clair und er erhielt seine Kommission als Major im *'Royal Regiment of Fuzileers'*. Im Jahr 1687 wurde eine Grenadierkompanie aufgestellt und diese ging ebenfalls aus der 'Independant Company of Grenadiers of the Tower Guard', also der unabhängigen Grendierkompanie der Tower-Wache, hervor und stand unter dem Befehl von Hauptmann Cheek, der am 12. Dezember 1685 ernannt wurde. Von 1685 bis 1922 hat das Regiment 70 Bataillone Soldaten aufgestellt, welche das Mützenabzeichen und die Auszeichnungen der 'Royal Fusiliers', des '7.Regiment of Foot' und später des 'City of London Regiment' trugen. Von 1939 bis 1955 hatten weitere 52 Bataillone die Ehre, das Abzeichen tragen zu können.

George Legge, Lord Dartmouth

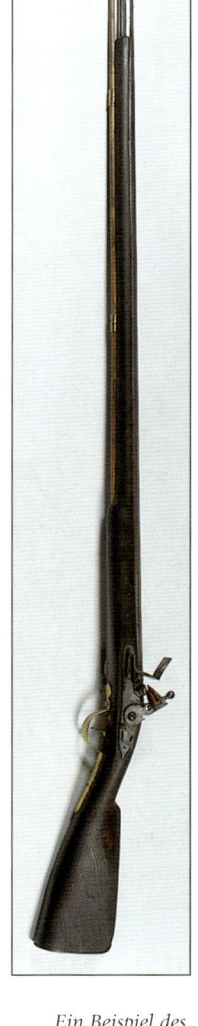

Ein Beispiel des Originalsteinschloß-gewehrs im Museum, auf das der Name des Regiments zurückgeht

Die Uniform des frühen Füsiliers war ein scharlachroter Rock mit gelbem Futter, eine graue Kniehose und Socken sowie eine gelbe Stoffmütze

DAS MUSEUM DES KÖNIGLICHEN REGIMENTS DER FÜSILIERE

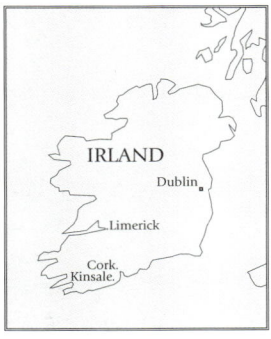

Die Füsiliere zogen 1690 nach Irland, wo sie an der Belagerung von Cork teilnahmen und Kinsale einnahmen, bevor sie drei Monate in der Garnison von Limerick verbrachten.

ZUM ERSTEN MAL IM GEFECHT

Wilhelm III. folgte 1688 auf dem englischen Thron, nachdem Jakob II. freiwillig ins Exil gegangen war. In diesem Jahr verband sich das Regiment mit der holländischen Armee, um diese im Krieg gegen Frankreich zu unterstützen, und nahm bei Walcourt an seinem ersten Volleinsatz teil. Die Franzosen wurden besiegt und als Belohnung für seine Führung wurde Lord Marlborough als Nachfolger von Lord Dartmouth, der seinen Posten aufgrund seiner Loyalität zu König Jakob eingebüßt hatte, zum Oberst des Regiments ernannt. Ludwig XIV. stand von 1688 bis 1698 mit dem Großteil Europas im Krieg (der Krieg über den Augsburger Religionsfrieden) und das Gefecht von Walcourt war das erste von mehreren, an dem die Königlichen Füsiliere beteiligt waren. Mit Wilhelms Thronfolge waren die Füsiliere nicht länger ein Artillerieregiment und wurden ein reguläres Infanterieregiment. Im Jahr 1688 bestand das Regiment aus 40 Offizieren, 32 Stabsfeldwebeln und 593 Soldaten, der Gesamtsold betrug 14.000 Pfund.

GEFECHTE IN FLANDERN

Bis 1690 waren die Franzosen dabei, die Oberhand über die Holländer zu gewinnen, und im Januar 1691 kehrten die Füsiliere nach Flandern zurück. 1692 wurde Marlborough, der bei Wilhelm in Ungnade gefallen war, als Oberst durch Lord George Hamilton ersetzt. Dieser wurde dann später selbst durch Oberst Edward Fitzpatrick ersetzt. 1693 nahm das Regiment an der blutigen Schlacht bei Landen teil und 1695 gewann es seine erste Tapferkeitsauszeichnungen durch seine heroische Teilnahme an der Schlacht bei Namur.

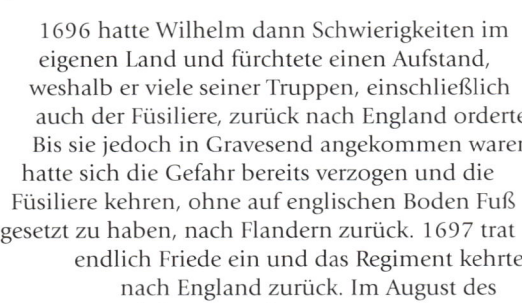

John Churchill, der 1. Herzog von Marlborough

1696 hatte Wilhelm dann Schwierigkeiten im eigenen Land und fürchtete einen Aufstand, weshalb er viele seiner Truppen, einschließlich auch der Füsiliere, zurück nach England orderte. Bis sie jedoch in Gravesend angekommen waren, hatte sich die Gefahr bereits verzogen und die Füsiliere kehren, ohne auf englischen Boden Fuß gesetzt zu haben, nach Flandern zurück. 1697 trat endlich Friede ein und das Regiment kehrte nach England zurück. Im August des folgenden Jahres zog es zu den Kanalinseln Jersey und Guernsey, wo es bis 1702 Dienst leistet. Im Sommer dieses Jahres erklärte Königin Anne, die inzwischen auf dem englischen Thron saß, Krieg gegen Frankreich und Spanien. Dieser Krieg wurde als der Spanische Erbfolgekrieg (1702-1713) bezeichnet.

Fotografie Jeremy Whitaker

Füsiliere aus dem Jahr 168

Fotografie Jeremy Whitaker

Königin Anne regierte 1702-1714

1695 verdient sich das Regiment bei der Schlacht von Namur die ersten Tapferkeitsauszeichnungen

ANWERBUNG & AUSBILDUNG IM 18. JAHRHUNDERT

'Taking the King's Shilling' & 'Smart Money'

Obwohl es nie einfach war, Männer zum Beitritt zur Armee zu überreden, gehörten die Preßgangs, mit deren Hilfe die Marine ihre Reihen füllte, niemals zur Armeeanwerbung. Die Füsiliere bestanden in der Tat auf gewisse Normen, egal wie schlecht die Situation stand. In den 1750ger Jahren wurden die Anwerbungsoffizieren darauf hingewiesen, daß sie niemanden anwerben konnten, der *"an Bruch, Hitzköpfigkeit, krummen oder X-Beinen litt"*. Die Vorschriften jener Zeit waren ziemlich spezifisch. *'Die eingestellten Männer mußten robust, kräftig und gut gebaut sein, durften keine Brustbeschwerden haben und mußten einen langen Schritt haben.'* Nach der Einstellung wurde ein Mann innerhalb von vier Tagen vor einen Richter geführt, wo er seinen Eid ablegte. Innerhalb dieser Frist konnte ein Soldat möglicherweise den Feldwebel durch die Bezahlung von sogenanntem *'Smart Money'* (Loskaufgeld) bestechen, damit er ihn gehen ließ. Alle damaligen Vorschriften warnten die Offiziere, ein Auge auf die Bezahlung von Geldern zu haben und alle Schuldigen vor ein Kriegsgericht zu stellen.

Ein Füsilier im späten 18. Jahrhundert erhielt bei seiner Einstellung die Summe von 5 Pfund und 14 Schillingen und er hielt das *'Erforderliche'* im Wert von 3 Pfund und 15 Schillingen. Dieses bestand aus folgendem:

2 Hemden	*2 Kämme*
2 Paar Schuhe	*2 Paar Strümpfe*
1 Tornister	*Riemen für den Überzieher*
2 Gamaschen	*Stock und Schnalle*

Der Soldat erhielt beim Ablegen des Eids einen weiteren Schilling, der als 'King's Shilling' bezeichnet wurde. Man sagt, daß die Gewohnheit, Bier aus einem Krug mit Glasboden zu trinken, auf den 'King's Shilling' zurückgeht. Skrupellose Anwerbungsoffiziere legten angeblich einen Schilling in das Bier eines möglichen Rekruten, ohne daß dieser ihn sah, wonach der junge Mann dann den *'Schilling des Königs nahm'* (d.h. das Anwerbungsgeld annahm) und so unfreiwillig eingezogen wurde. Durch den Glasboden wurde dieser Trick offensichtlich. Da der Anwerbungsfeldwebel für jeden Rekruten eine Bezahlung erhielt, waren derartige Tricks sehr wahrscheinlich. Die Ausbildung der Rekruten in den frühen Tagen bestand fast ausschließlich aus Marschieren, Schießen und dem Erlernen taktischer Formationen. Letztere mußten ausgiebig geübt werden, da sie sehr kompliziert waren und viele Fehler möglich zuließen. Das Waffentraining im 18. Jahrhundert war lang und kompliziert.

PARADE:
IM SCHNELLSCHRITT
Ein Soldat des 7. Regiments (oder 'Royal Fuzileers') im Paradedienst im 18. Jahrhundert ist auf diesem zeitgenössischen Stich abgebildet, auf dem man erhebliche Details über vorgeschriebene Kleidung und entsprechende Uniform erkennen kann

George Hamilton, Earl of Orkney, KT - 1692

Das Waffentraining im 18. Jahrhundert war lang und kompliziert. Taschenbücher mit Abbildungen bezüglich der verschiedenen Positionen von Spieß und Muskete wurden in ganz Europa produziert

Mit freundlicher Genehmigung des Direktors des National Armee Museum, London

LEGE DIE LINKE HAND AUF DAS ZÜNDSCHLOSS...

Der Musketendrill war gleichermaßen kompliziert. Das Buch *'Complete Body of the Art Military'*, das im späten 17. Jahrhundert veröffentlicht wurde, führt zwölf verschiedene Bewegungen zwischen *'die Muskete von der Schulter nehmen'* und *'auf Brusthöhe feuern'* an. Der Verfasser dieses Handbuchs widmete der Erklärung von *mehreren Gründen, warum der Spieß eine ehrenvollere Waffe ist* viel Platz. Es scheint, daß das hier vertretene Argument sich mit denjenigen vergleichen läßt, die zweihundert Jahre später von den Offizieren vorgegeben wurden, welche die Vorschläge, daß man Pferde durch Panzer ersetzen sollte, bedauerten.

DAS MUSEUM DES KÖNIGLICHEN REGIMENTS DER FÜSILIERE

ARMEESOLD UND PRIVILEGIEN IM 18. JAHRHUNDERT

Ein Soldat, der im 17. oder 18. Jahrhundert eingestellt wurde, verbrachte meistens seine gesamte Arbeitszeit in der Armee. Sein Leben glich dem seines Gegenstücks im Zivilleben, was bedeutete, daß er im Schmutz lebte und daß der Alkohol eine wichtige Rolle spielte. Er wurde oft in örtlichen Gasthäusern untergebracht, wo das Essen und die Unterkunft ziemlich unzulänglich waren. In jenen Tagen wurden Offiziere meisten durch Vetternwirtschaft ernannt, was sich jedoch später auf einen Art Kaufsystem änderte. So waren die Preise für die verschiedenen Ränge im Jahr 1719 zum Beispiel folgende:

Oberst und Hauptmann	*5.000 Pfund*
Major und Hauptmann	*1.500 Pfund*
Leutnant	*250 Pfund*
Fähnrich	*170 Pfund*
Quartiermeister	*125 Pfund*

Dieses System wurde in der Britischen Armee erst 1871 abgeschafft.

Zu jener Zeit gab es keine Offiziersausbildung und diese wurde auch nicht als notwendig erachtet; man war der Meinung, daß Führungsqualität genauso ererbt wurde wie das Einkommen, dessen sich viele erfreuten. Es lohnte sich schon, daß man in gewissen Regimenten für einen guten Rang bezahlte, da das Kommando von Truppen sich als lukratives Geschäfts herausstellen konnte. Die Hauptmänner handhabten den ganzen Sold für ihre Männer und es gelang vielen, daß sie einen Teil dessen für sich selbst zurück behielten. Die Truppen wurden selten regelmäßig bezahlt und dann auch immer nur im Nachhinein. Eine Ausnahme für diesen traurigen Zustand bildete der Herzog von Marlborough, der infolge des Einflusses seines Freundes Godolphin, dem Oberschatzmeister, für Sold und Nachschub immer genügend Mittel hatte. Jakob II. ernannte Lord Dartmouth zum Hauptmann einer Füsilierkompanie und zum Regimentoberst, damit er direkte Kontrolle über den dem Sold hatte.

DAS LEBEN UND DIE STRAFEN IN DER ARMEE

Regimenten fehlte es oft erheblich an Männern, weil eine große Zahl dieser ohne Erlaubnis auf Urlaub waren oder aufgrund von Anwerbungskampagnen abwesend waren, wobei dann die Kontrolle Offizieren ohne Kommission überlassen wurde. Offiziere behandelten Soldaten mit einer Mischung von Gleichgültigkeit und liebevoller Fürsorge, wenn alles gut ging, und erteilten schwere Bestrafung, wenn dies nicht der Fall war. Eine Verurteilung zu 500 Hieben war nicht selten und 200 Hiebe waren vergleichsweise eine geringe Strafe. Folgendes wurde von Feldwebel Cooper der Füsiliere im späten 18. Jahrhundert verfaßt: *'Das Schlagen erfolgte zum Trommelschlag und jeder Schlag mit der Peitsche wurde durch zehn Trommelschläge unterbrochen. Viele wurde bis zur Bewußtlosigkeit geschlagen, und in einem Fall, den ich sah, bis zum Wahnsinn. Das Zuschauen erforderte starke Nerven und viele Zuschauer fielen in der Tat bei längeren Strafen in Ohnmacht. Ich sah, wie ein Mann später ins Hospital gebracht wurde, und er hatte eine Wunde einer Größe von 8" x 6", die voll Schmutz war und in der einige schwarzköpfige Maden sich zu verstecken versuchten.'*

Ein Füsilier von 1742

EUROPÄISCHE FELDZÜGE 1702-1773

'DIENST AN BORD DER FLOTTE"

'DIE BELAGERUNG VON LERIDA'

Kurz nach der Schlacht bei Almanza schloß sich das Regiment der alliierten Garnison in Lérida an, die schon bald vom Feind belagert wurde. Die kleine Garnison hielt einen Monat lang den mächtigen Angriffen statt, wurde jedoch schließlich vertrieben und gezwungen, sich auf eine Burg hinter der Stadt zurückzuziehen. Hier hielten die alliierten Kräfte einen weiteren Monat Stand und verteidigten sich tapfer, aber schließlich gingen ihnen Wasser und Proviant völlig aus. Die Garnison war auf lediglich 500 Mann reduziert worden und ergab sich schließlich

Beim Ausbruch des Spanischen Erbfolgekriegs wurde das Regiment von den Kanalinseln nach England beordert, um sich einer großen Streitmacht, die bei Cowes *'zum Dienst an Bord der Flotte'* zusammengestellt wurde, anzuschließen. Die Streitkräfte brachen im Juli auf und hatten den Befehl, Cadiz einzunehmen, aber es wurde beschlossen, daß man sich nicht auf Cadiz selbst konzentrieren würde, sondern das reiche, jedoch strategisch unwichtige und fast unverteidigte Dorf Port Saint Marie angreifen würde. Die Landung wurde durch schlechtes Wetter behindert und ca. 20 Füsiliere ertranken. Nach Einnahme der Stadt machte sich die gemischte Truppe von Soldaten und Matrosen daran, die beiden nebeneinander liegenden Dörfer Port Saint Marie und Rota systematisch zu plündern, was eine der weniger ruhmreichen Episoden in der Geschichte des Regiments darstellt. Während des darauffolgenden Monats ging die Disziplin fast völlig verloren und sowohl Offiziere als auch gemeine Soldaten widmeten sich dem Sammeln von Beute. Ein Angriff auf das gut verteidigte Cadiz schien jetzt unpraktisch und die Expedition machte sich ohne militärischen Erfolg wieder auf den Weg nach England. Auf der Rückreise erfuhr man, daß die spanischen Gallionen oder Schatzschiffe bei Vigo vor Anker lagen, wo sie von einer französischen Eskorte beschützt wurden, und man änderte sofort Kurs auf Vigo. Obwohl sich der französische Admiral heftig verteidigte und befahl, die Schiffe in Brand zu stecken, als seine Situation hoffnungslos wurde, wurden zehn Kriegsschiffe und elf Gallionen voller Schätze von den alliierten Kräften erfaßt, was ihnen die aufrichtige Dankbarkeit ihrer Herrscherin Königin Anne einbrachte.

Gibraltar wurde am 2. August 1704 von den Briten unter Sir George Rooke eingenommen. Zusammen mit Minorca trug es dazu bei, daß die Königliche Marine im westlichen Mittelmeer eine dominante Stellung hatte

DER SPANISCHE ERBFOLGEKRIEG 1702-1713

Ludwig XIV. von Frankreich nahm das ganze spanische Reich für seinen Enkel in Anspruch. Hierdurch wurde der Machtausgleich innerhalb Europas beeinträchtigt. Zudem unterstützte er die Stuarts als die rechtmäßigen Könige Schottlands anstelle von Wilhelm III. Die Große Allianz von England, Holland, dem Kaiser des heiligen Römischen Reiches und dem König Preußens stellte sich ihm entgegen. England und Holland waren zudem bestrebt, die Macht Frankreichs im Bereich des Seehandels einzuschränken. Durch den *Vertrag von Utrecht* wurde 1713 ein Kompromiß geschlossen, wodurch die Krise überwältigt wurde und wobei Großbritannien die Rolle des Machtausgleichs in Europa zukam, während es gleichzeitig sein Empire in Indien und Nordamerika aufbaute.

Als Regiment waren die Königlichen Füsiliere fast völlig zerstört worden, aber der tapfere und blutige Widerstand, den sie und ihre Militärkollegen geleistet hatten, brachten ihnen die vorteilhaftesten Bedingungen und den großen Respekt ihrer Gefangennehmenden ein. Der Rest der Garnison marschierte am 12. November 1707 mit fliegender Fahne und hochgehobenem Kopf aus Lérida

Nach dreijährigem Dienst im Heimatland wurden die Königlichen Füsiliere 1706 nach Gibraltar geschickt und sofort auf Kriegsschiffe gebracht und segelten nach Barcelona, das von den Franzosen belagert wurde. Obwohl die Franzosen während der vorangegangenen Wochen schwere Verluste erlitten hatten, hatten sie jetzt die Oberhand und man rechnete stündlich mit einem endgültigen Angriff auf die Garnison. Durch die Ankunft der alliierten Flotte änderte sich die Situation völlig und es blieb dem französischen Admiral nichts anderes übrig, als die Belagerung aufzugeben. Er tat dies dann auch am 11. Mai während einer totalen Sonnenfinsternis. Seine Truppen traten eilig in großer Verwirrung den Rückzug an und hinterließen große Mengen an Gewehren, Mörsern, Munition und Nachschub sowie auch ihre Kranken und Verwundeten, die sie der Menschlichkeit der britischen Soldaten übergaben.

DAS MUSEUM DES KÖNIGLICHEN REGIMENTS DER FÜSILIERE

Im Jahr 1773 wurden die Füsiliere nach Quebec und später nach St.John im unteren Kanada geschickt und hatten einen kleinen Vorposten bei Fort Chamblé. Zu Beginn des Unabhängigkeitskriegs im Jahr 1777 und in der Hoffnung, daß sie ihre kanadischen Nachbarn davon überzeugen konnten, sich gegen die Briten aufzulehnen, versuchten die Amerikaner, Montreal und Quebec einzunehmen. Sie infiltrierten entlang der Täler, die zum St. Lawrence-Strom führten, und nahmen hierbei isolierte britische Forts ein. Eines dieser war St. Johns. Eine Gruppe ihrer kanadischen Verbündeten nahm als reinen Glücksfall Fort Chamblé und hiermit die Flagge der Füsiliere ein. Genau diese Flagge ist heute in der Militärakademie in West Point zu sehen. Die Niederlage von Fort Chamblé führte zu einem ähnlichen Ergebnis in St. Johns. Die Amerikaner nahmen danach Montreal ein, wo der Großteil des Regiments sich niedergelassen hatte. Die nachfolgende Belagerung von Quebec blieb jedoch erfolglos und die gefangenen Füsiliere wurden rechtzeitig ausgetauscht, um bei der Wiedereinnahme von Montreal behilflich zu sein und die Amerikaner aus Kanada zu vertreiben.

Dezember 1775 - nachdem er die amerikanischen Streitkräfte erfolgreich an die Tore Quebecs geführt hatte, wurde der amerikanische Oberst Montgomery bei einem Versuch, die Stadt einzunehmen, getötet. Seine Truppen wurden geschlagen und zogen sich aus Kanada zurück
Abbildung mit freundlicher Genehmigung des Direktors des National Armee Museums, London

AMERIKA

John Andre & Benedict Arnold

Benedict Arnold war und wird auch heute noch als der archetypische amerikanische Verräter erachtet. Er überließ West Point den Briten und auch heute noch ist die Wendung "a real Benedict Arnold", d.h. ' ein wahrer Benedict Arnold' noch häufig in Gebrauch. John Andre, ein Offizier des 7. Regiments, war der Vermittler, der die feindlichen Linien mehrmals bei großer Gefahr überschritt, um mit Arnold zu verhandeln. Damit er im Falle einer Gefangennahme nicht als Spion klassifiziert wurde, ging Andre immer in Uniform über die Linien, was er auch bei der letzten Gelegenheit tat. Leider wurde jedoch vor seiner Rückkehr, während einer Nacht mit sehr schlechtem Wetter, dazu überredet, über seine Uniform einen Zivilmantel überzuziehen. Er wurde auf dem Rückweg gefangen, als Spion verurteilt und gehenkt! Arnold erfreute sich des Rests seines Lebens als Gentleman in England, wo er durch eine großzügige Pension von den Briten unterstützt wurde.

Die britische Regierung hatte mit den amerikanischen Ansiedlern, die in der Hauptsache Nachkommen der Immigranten waren, die über hundert Jahre zuvor angekommen waren, und somit Britannien als fern und fremd erachteten, viele Meinungsverschiedenheiten.

'Macht weiter, Jungs'

1777- 1783

DER AMERIKANISCHE UNABHÄNGIGKEITSKRIEG 1777-1783 -SIEG & NIEDERLAGE

Ein Füsilier von 1792

Als die britische Regierung ihnen Steuern auferlegte, um die Finanzen für die Verteidigung der Ansiedler gegen die Franzosen und Indianer zu unterstützen, wurde ihr dies erheblich übel genommen. Eine unglückliche Auseinandersetzung bei Lexington zwischen britischen Truppen und den Massachusetts Volunteers führte schließlich zu Krieg. Er endete in Triumph für die Ansiedler, als die britischen Streitkräfte 1781 in Yorktown kapitulierten.

1777 waren die Füsiliere während einer nicht gerade ruhmreichen Zeit für die Britische Armee in Philadelphia. Es wurde schriftlich festgehalten, daß "Spiel in ruinösem Ausmaß gestattet war, das schlechte Verhalten der Offiziere die Einwohner von Philadelphia beleidigte und viele, die ursprünglich loyal gewesen waren, zu Rebellen wurden". Was vielleicht noch schlimmer war, war die militärische Inaktivität, wodurch 4000 amerikanische Truppen innerhalb von 26 Meilen ohne geringste Herausforderung in hilflosem Zustand zubrachten. Am 18. Juni 1777 zog sich die britische Armee, die durch die französische Unterstützung der Amerikaner in Alarmzustand versetzt worden war, nach New York zurück. Zwei Jahre später, im Dezember 1799, segelten die Füsiliere nach Carolina, um Charleston anzugreifen. Der Angriff war erfolgreich und im Mai 1780 kapitulierte die Stadt mit dem Verlust oder der Gefangennahme von zehn amerikanischen Regimentern, drei Artilleriebataillonen und der örtlichen Miliz. Die Füsiliere, die inzwischen mehr Erfahrung hatten, verloren einen Mann und hatten einen Verwundeten.

Die Schlacht von Cowpens im Jahr 1781 war insofern von Bedeutung, als da hier zum ersten Mal die britische Reguläre Armee in einer entschlossenen Schlacht mit den Amerikanische Irregulären besiegt wurde. 'Als sich die Briten näherten, traten ihnen die Amerikaner entgegen und schossen aus der Nähe viele, tödliche Salven ab. Die Briten waren überwältigt und zogen sich verwirrt zurück und die Amerikaner gingen mit Bajonett in Angriff über und wurden somit Sieger des Tages.' Für die Füsiliere war dies die letzte Schlacht in diesem Krieg. Das Regiment wurde fast völlig vernichtet.

Der amerikanische Sieg bei Cowpens war der Anfang vom Ende. Ihre Bereitschaft, neue Taktiken zu Kosten der starreren Paradedrills der Briten zu übernehmen, machte sich bezahlt. Die Miliz, bei denen es sich durchweg um ausgezeichnete Schützen handelte, die viel bessere Gewehre hatten, gewann an Selbstvertrauen. Und nicht zum ersten Mal stellte sich heraus, wie es sich auch bei einem späteren amerikanischen Krieg herausstellen würden, daß die Taktik und Waffen, die in einem Krieg den Sieg bringen, nicht unbedingt im nächsten ebenfalls zum Erfolg führen.

DAS MUSEUM DES KÖNIGLICHEN REGIMENTS DER FÜSILIERE

Im Jahr 1783 kehrten die Füsiliere nach Großbritannien zurück und verbrachten 7 Jahre in England und Schottland. Am St. Georges-Tag 1789 wurde Seine Königliche Hoheit Edward, der Herzog von Kent (1767-1820) zum Befehlshaber des Regiments ernannt, und hiermit begann die Verbindung zum Königshaus, die auch heute noch besteht

Rechts: Seine Königliche Hoheit, der Herzog von Kent, war der Vater Ihrer Majestät, Königin Viktoria

Mit freundlicher Genehmigung der National Portrait Gallery, London

Bei einer Abschiedsfeier zu seinen Ehren wurde diese speziell hierfür komponierte Lied gesungen, dessen eine Strophe wie folgt lautete:

'Der königlich Edward verläßt uns nun, er war es, der uns beibrachte, wie wir die Mühe des Soldaten und die Fürsorge des Befehlshabers auf uns nehmen, und trat der Müdigkeit mit festlichen Stunden entgegen, und bestreute den rauhen Pfad des Kriegs mit Blumen.'

UNTER KÖNIGLICHEM BEFEHL

'Macht weiter, Jungs'

'UNTER KÖNIGLICHEM BEFEHL'

Das Regiment ging nach Gibraltar und der neue Befehlshaber ließ schon bald seine Gegenwart spüren. Man sagte, daß *'eine große Nachlässigkeit herrschte, der junge Herzog jedoch von jedem seiner Untergeordneten ordnungsgemäße Pflichterfüllung erwartete. Seine Vorstellung über Disziplin machte ihn bei seinen Füsilieren unbeliebt und seine Feinde auf dem Felsen versuchten, in seinem Regiment Unstimmigkeit zu schüren. Aber schon bald wurde die strenge Hand als die eines Wohltäter gesehen und seine Verdienste wurde von der ganzen Garnison geschätzt.'*

Edward führte sein Regiment im August 1791 nach Kanada, wo es bis 1802 blieb, als es auf die Westindischen Inseln gesandt wurde. Im Jahr 1804 wurde in Großbritannien ein Zweites Bataillon aufgestellt, während das Erste Bataillon auf Bermuda und den Bahamas blieb. 1807 waren dann beide Bataillone in England, aber Napoleons Versuch, die Dänische Flotte einzunehmen und gegen England einzusetzen, führte zur Schlacht von Kopenhagen, an der die Füsiliere beteiligt waren. Obwohl es ein Sieg war, war dieser wohl kaum ruhmreich zu nennen, und am Jahresende waren allen Füsiliere zusammen in England.

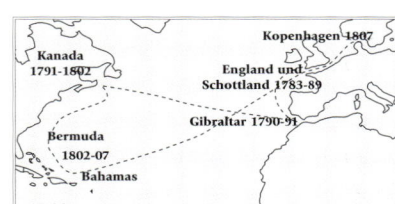

Die Feldzüge der Füsiliere

Im Schaukasten des Museum sind die Schwerter, Epauletten und Regimentseierbecher, ein silberner Bierkrug sowie ein Eßservice mit Monogramm des Herzogs von Kent zusehen

DAS MUSEUM DES KÖNIGLICHEN REGIMENTS DER FÜSILIERE

DIE EINNAHME VON MARTINIQUE

UND DER FRANZÖSISCHE ADLER

Die Füsiliere landeten am 30. Januar 1809 auf Martinique, in den Westindischen Inseln, und wurden sofort von den Franzosen angegriffen, die sich nach einem mutigen Kampf nach Fort Bourbon zurückzogen. Nach einigen Tagen schwerer Bombardierung kapitulierten die Franzosen am 23. Februar. Drei Adler, die Entsprechung der Britischen Flagge, wurden eingenommen und die Füsiliere durften zur Belohnung für ihren mutigen Einsatz den Adler des 82. Regiments des französischen Heers behalten, der im Museum zu sehen ist

NAPOLEON

FÜSILIERSMUSEUM NAPOLEON

1802, nach 11-jährigem Dienst in Kanada, oder Britisch-Nordamerika, wie es damals genannt wurde, wurde das Regiment zu den Westindischen Inseln beordert, eine Hälfte ging nach Bermuda und die andere auf die Bahamas. Die Männer litten erheblich an Krankheit, wobei jedoch der Aufenthalt ansonsten ereignislos war.

'Macht weiter, Jungs'

1796 - 1815

Unten ein Detail von:
Die BOMBARDIERUNG von KOPENHAGEN und die KAPITULATION der DÄNISCHEN FLOTTE gegenüber den BRITISCHEN STREITKRÄFTEN, September 1807'

DIE NAPOLEONISCHEN KRIEGE 1796-1815

'DIE BEDROHUNG DURCH NAPOLEON'

Während dieser Zeit wurde offensichtlich, daß Napoleon Bonaparte sich auf Invasion England vorbereitete, und demzufolge wurde 1803 der Kriege gegen Frankreich erklärt. Das Parlament stimmte einer Vergrößerung der Armee bereitwillig zu und im Juli des folgenden Jahres wurde das 2. Bataillon der Königlichen Füsiliere erneut aufgestellt. Beide Bataillone wurden 1806 in England kurz vereint, aber im November dieses Jahres wurde das 1. Bataillon nach Dublin geschickt.

Kurz danach nahm es an der Bombardierung Kopenhagens von der See und der darauffolgenden Einnahme der dänischen Flotte teil, die Napoleon gegen England hatte einsetzen wollen. Das 2. Bataillon blieb in England und wurde hauptsächlich zur Verstärkung des 1. Bataillons eingesetzt, das nach der Expedition nach Kopenhagen kurz nach Kanada zurückgekehrt war.

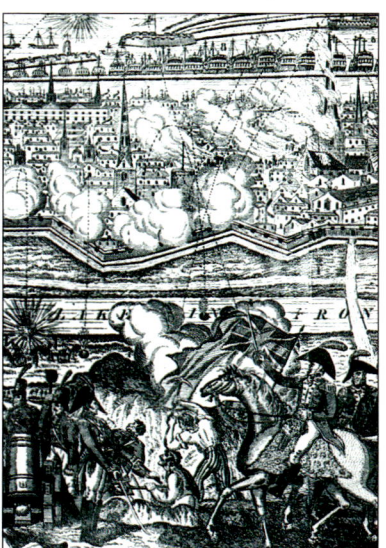

Mit freundlicher Genehmigung des Direktors des National Armee Museum, London

'DIE BEDEUTUNG DER WESTINDISCHEN INSELN'

Die Westindischen Inseln waren während des 17. und 18. Jahrhunderts in der Hauptsache von England und Frankreich kolonisiert worden. Während der Napoleonischen Kriege stellten die Inseln durch ihre Zucker- und Kaffeeplantagen eine Hauptquelle des französischen Reichtums dar. Um diese wichtige, wirtschaftliche Rettungslinie zu zertrennen, befahl der britische Premierminister Pitt Angriffe gegen die französischen Besitztümer. Diese Maßnahmen brachten lediglich beschränkten Erfolg und es starben mehr Soldaten am Gelbfieber (das als schwarzes Erbrechen bezeichnet wurde) als dem Gewehr und Schwert zum Opfer fielen

"Defaulter's Boot" aus dem Jahr 1808 (Stiefel eines Straffälligen)

Eine grausame Erinnerung an die Strafmaßnahmen der Armee, die den straffälligen in der Vergangenheit auferlegt wurden:
'Wurde im Fall von W. Reginauld als sehr nützlich befunden, der, nachdem er das Regiment 3 Jahre und 6 Monate ausgenutzt hatte, innerhalb von 12 Tagen kuriert wurde, indem sein Bein in dieser Vorrichtung eingeschlossen wurde, wodurch verhindert wurde, daß er eine korrosive Substanz auftrug, durch welche die Wunde offen blieb, die man bei ihm fand und die als Beweis diente, wonach er von einem Regimentskriegsgericht am 12. Mai 1808 zu 5 hundert Schlägen verurteilt wurde.' Kopie des Originals auf Anordnung von J Clitherow Esq. - Oberst

DAS MUSEUM
DES KÖNIGLICHEN
REGIMENTS
DER FÜSILIERE

DER KRIEG IN SPANIEN

TALAVERA

BUSACO

BADAJOZ

ALBUHERA

SALAMANCA

VITTORIA

PYRENÄEN

ORTHES

TOULOUSE

SPANISCHE
HALBINSEL

Die Generalverdienstmedaille des Militärs 1793–1814

FÜSILIERSMUSEUM SPANISCHE HALBINSEL

Als Portugal als einzige Nation auf dem europäischen Kontinent sich weigerte, Napoleons Handelsbeschränkungen zu akzeptieren, zog eine französische Armee durch Spanien und besetzte Portugal.

'Macht weiter, Jungs'

GEGEN FRANKREICH   1809 - 1814

Napoleons Bekanntgabe, daß er Spanien angliedern würde und dessen König ersetzt würde, erzürnte die Spanier. England, das darüber erfreut war, daß jemand bereit war, sich den Franzosen entgegen zu stellen, auch wenn es sich hierbei um den alten Feind Spanien handelte, versprach Geld und Unterstützung.

UND SO BEGANN DER KRIEG IN SPANIEN GEGEN FRANKREICH.

Das Diorama des Museum zeigt die dramatische Schlacht bei Albuhera

DAS MUSEUM DES KÖNIGLICHEN REGIMENTS DER FÜSILIERE

Die Füsiliere nahmen an der Blockade von Badajoz teil am 16. Mai 1811, als ihnen plötzlich befohlen wurde, nach Albuhera zu marschieren.

Direkt nach 36 Stunden auf dem Posten und nach einem 20-Meilen-Marsch durch die Nacht kamen die Füsiliere an und stellten fest, daß die Schlacht nicht günstig verlief. Der Rückzug war befohlen worden und die Franzosen hielten die Höhen und waren bereit, das gesamte britische Heer zu überwältigen. Zwei Bataillone an Füsilieren zusammen mit einen Bataillon der 23. Infanterie (den heutigen Welsh Fusiliers) näherten sich dem Hügel. Der Geschichtler Napier schildert uns folgendes:

'Eine schreckliche Salve von Kartätschen pfiff durch die Ränge und die befehlshabenden Offiziere aller drei Bataillone fielen verwundet nieder und die Füsiliere, die von diesem eisernen Sturm getroffen wurden, taumelten und stolperten wie sinkende Schiffe. Plötzlich erholten sie sich und drangen auf den schrecklichen Feind ein und man konnte sehen, mit welcher Kraft und Majestät der britische Soldat kämpft. Diese erstaunliche Infanterie ließ sich durch nichts aufhalten. Der Regen floß in Strömen, gefärbt von Blut, und fünfzehnhundert unverwundete Füsiliere, der Überrest von vier Tausend, standen triumphierend auf dem verhängnisvollen Hügel!'

Von allen zehn Tapferkeitsauszeichnungen, die dem Regiment infolge des Kriegs auf der spanischen Halbinsel zuerkannt wurden, wird der Name Albuhera am stolzesten auf der Flagge getragen. Das Regiment feiert jedes Jahr am 16. Mai den Albuhera-Tag und seit jenem Tag bis heute sind die Offiziere und Feldwebel der Füsiliere und der Royal Welsh Fusiliers (der königliche, walisischen Füsiliere) Mitlieder ihrer beiden Offiziersmessen.

BUHERA
16th May. 1811

SIEG IN SPANIEN

Anfang Januar 1812 nahmen die Füsiliere erneut an der undankbaren Aufgabe des Belagerungskriegs teil. Sie halfen bei der Einnahme von Ciudad Rodrigo im Sturm und gehörten im April zu den Streitkräften, welche die wichtige Stadt Badajoz belagerten.

Mit freundlicher Genehmigung des Direktors des National Army Museums, London

'Ansicht der BEALGERUNG und ERSTÜRMUNG von CIUDAD RODRIGO in SPANIEN am 19. JANUAR 1812

Dieser Ort und seine Befestigungen wurden nach Einbruch der Dunkelheit von den gallanten britischen und alliierten Kräften unter dem Befehl von General Lord Wellington in Sturm erobert, wobei sie innerhalb einer halben Stunde die ganze Stadt völlig unter sich hatten und den Gouverneur General Banier und ca. 78 Offiziere und 1700 Männer gefangen nahmen und zudem 153 Teile Artillerieausrüstung und eine große Menge an Lagerbeständen und Munition von den Siegern übernommen wurde.'

Die Schlacht von Badajoz

Mit freundlicher Genehmigung des Direktors des National Army Museums, London

Am Abend des 6. Aprils gingen zwei Truppen der Füsiliere in die Schußlinien, aber nach einer schrecklichen Explosion wurden sie einem Geschoßhagel unterworfen. Viele derjenigen, die das französische Feuer überlebten, starben danach doch in der Dunkelheit, wurden im Schlamm in einem engen Graben, der vom Feind speziell ausgegraben worden war, erstickt und bedeckt. Aus dem Chaos ergab sich schließlich ein Sieg, der jedoch teuer zu stehen kam. Bis Mitte 1812 war die Kriegsinitiative allmählich auf die Briten übergegangen und durch den überwältigenden Sieg bei der Schlacht von Salamanca, zu dem die Füsiliere einen sichtbaren Beitrag leisteten, lag den Briten der Geruch des endgültigen Sieges in der Nase. Bei Salamanca verabreichte die britische 4. Division, von der die Füsiliere einen Teil bildeten, der Armee des französischen Generals Marmont eine bedeutende Niederlage zu. 'Wir stürzten uns auf Marmont', so schilderte Wellington; ' und ich habe noch nie eine Armee eine derartige Niederlage erleben sehen.' Im Juni wurde Napoleons Armee bei Vittoria aufgewühlt. Die 4. Division verfolgte die Franzosen bis auf die kalten Gipfel der Pyrenäen und verwickelte sie am 28. Juli bei Pampeluna erneut in ein Gefecht. Dies war ein weitere, wenn auch kostspieliger Sieg für die Füsiliere und wiederum pries Wellington seine Männer, die 'sich in dieser Armee so häufig hervor getan haben', dafür, daß sie sogar ihre vorherigen guten Leistungen übertrafen.

Oben und unten: Eine goldene Gürtelplatte eines Offiziers und die Tapferkeitsauszeichnungen des Regiments für den Krieg auf der spanischen Halbinsel

DIE MYERS-MINIATUR

Die Myers-Miniatur gedenkt der Offiziere der Königlichen Füsiliere, die im Krieg in Spanien gegen Frankreich 1809-1814 fielen. Der Oberstleutnant Sir William Myers starb im Alter von 27 Jahren als Befehlshaber der Füsilierbrigade bei Albuhera am 16. Mai 1811

Ein Geschenk an Rev. Wallace von Seiner Königlichen Hoheit, Prinz Edward, dem Befehlshaber des Regiments.

1814 drangen die Armeen nach Frankreich selbst vor. Die Füsiliere kämpften in zwei weiteren Schlachten, nämlich bei Orthes im Februar und bei Toulouse im April, wo sie gewannen, und am 12. April dankte Napoleon ab. Das Regiment hatte in etwas über fünf Jahren nicht weniger als zehn Auszeichnungen für seine Flagge gewonnen.

Am Ende des Kriegs auf der spanischen Halbinsel wurde das Regiment nach Amerika gesandt, wo es an der Schlacht von New Orleans teilnahm.

DAS MUSEUM
DES KÖNIGLICHEN
REGIMENTS
DER FÜSILIERE

Details eines Rocks, ca. 1825

Oberst Frederick Farquharson, Königliche Füsiliere, 1825

FRIEDEN

PACE
BONUS
ET
UTILIS

Die Füsiliere kehrten von Amerika nach England zurück und erfuhren auf der Überfahrt, daß Napoleon von Elba entkommen war und wieder nach Frankreich zurückgekehrt war. Nach zwei Wochen zu Hause ging das Regiment in Ramsgate an Bord, um sich Wellingtons Armee in Belgien anzuschließen, und landete genau an dem Tag in Oostende, an dem Napoleon bei Waterloo besiegt wurde.

'Macht weiter, Jungs'

1815- 1854

Feldmarschall Sir Edward Blakeney, der 14. Befehlshaber der Königlichen Füsiliere, diente mit großer Auszeichnung im Krieg in Spanien gegen Frankreich und wurde Oberster Feldmarschall der Britischen Armee. Er starb 1868

Die Füsiliere bildeten einen Teil der 'Besatzungsarmee' in Paris, Bapaume, Boulon und Valenciennes und kehrten im November 1818 nach England zurück.

'FREUDIGE, FARBENFROHE ANLÄSSE'

In den Jahren zwischen Waterloo und dem Krimkrieg waren die Aktivitäten des Regiments geruhsam und für den typischen Zerfall des Militärs während jener Zeit typisch. Sie begleiteten König Georg IV. zu seinem überschwenglichen Pavillon in Brighton im Sommer 1822, verbrachten einige Zeit auf Corfu und bei glorreichen Paraden unter den heißen Sonnen Maltas und erhielten 1829 für das Regiment von Lady Augusta Fitzclarence eine neue Fahne. Sie verbrachten zudem einige Zeit als Friedenstruppe in Irland. 1836 erhielten die Füsiliere eine besondere Anerkennung von Windsor, als König Wilhelm IV. ihnen das Silber für den Tisch der Offiziersmesse zum Geschenk machte. Der König sprach die Königlichen Füsiliere vom Trinken des 'Loyal Toast' frei. Eine Tradition, die auch heute noch wahrgenommen wird.

Der silberne Weinkühler wurde den Königlichen Füsilieren 1836 von Seiner Majestät, König Wilhelm IV auf Schloß Windsor überreicht - dieses wunderschöne Silberstück wird auch heute bei Anlässen in der Offiziersmesse im Hauptquartier des Regiments, nämlich dem Tower von London, verwendet

'NEUAUFBAU IN GIBRALTAR'

Auch wenn das Regiment ins Ausland zog, schienen militärische Angelegenheiten weit entfernt, und es ist ein Zeichen der Zeit, daß die Füsiliere während ihres Aufenthalts in Gibraltar im Jahr 1842, mit dem Bau einer Straße auf dem Windmill Hill beschäftigt wurden. "Pace bonus et utilis" (Im Frieden, gesetzestreu und nützlich) ist die Beschreibung des Regiments auf einer Tafel, mit der an dieser Arbeit erinnert wird.

Oben links: Eine zeitgenössische Aquatintarbeit, die zeigt, wie die Königlichen Füsiliere zivile Unruhen im eigenen Land, d.h. Großbritannien, unterdrücken

Links: Der imposante Felsen von Gibraltar

DAS MUSEUM DES KÖNIGLICHEN REGIMENTS DER FÜSILIERE

DER KRIMKRIEG

Ein Auszug aus einem Brief nach Hause: - 'Meine lieben Eltern .... Kartätschen und Büchsenfeuer regnen wie Hagel auf uns herab. Wir gingen unter schrecklichem Gemetzel schrittweise auf den Hügel hoch ... der Rauch infolge der Schlacht war so intensiv, daß wir nichts sehen konnten und unsere armen Burschen fielen rundum .. der Kampf war verzweifelt, aber wir erreichten den Gipfel und nahmen die russische Batterie ein ... wurden wieder halb den Hügel hinab gezwungen, aber der Sieg war bald unser. Liebe Eltern, welch einen Anblick das ganze Schlachtfeld bietet. Ich hoffe, daß Ihr das Geschreibsel lesen könnt, denn mein einziger Tisch ist ein toter Russe ... ich danke Gott aus ganzem Herzen, daß er mich schützt. Von Eurem rauhen, aber dennoch liebevollen Sohn.'
T. Gowing, Royal Fusiliers

Medaille aus dem Krimkrieg Sebastopol. Inkermann Alma 1854-56

Aus dem Testament von Peter dem großem

'Im Namen der heiligen und unteilbaren Dreifaltigkeit erklären wir, Peter und Kaiser von ganz Rußland für alle unsere Nachfolger ... die Vorhersehung hat Rußland offensichtlich zum Eroberer und Herrscher von ganz Europa bestimmt.'

'Macht weiter, Jungs'

1854- 1856

DER KRIMKRIEG

Durch den Zerfall des türkischen Reiches sah Rußland eine Möglichkeit, seinen Zugang zum Mittelmeer zu verbessern. Unter Vorgabe eines Streites über die Rechte der Christen an den heiligen Stätten in Jerusalem fiel Rußland in der Türkei ein. Britannien und Frankreich eilten den Türken zu Hilfe, erklärten Krieg und brachten in Varna am Schwarzen Meer Truppen an Land.

Im Oktober schiffte sich das Regiment auf Dampfschiffen ein und am 14. landete in der Kalamita-Bucht. Die Invasion der Halbinsel Krim hatte begonnen, aber die Männer waren, wie dies bei der Britischen Armee so oft der Fall war, zu Beginn der Schlacht unzulänglich ausgerüstet. Obermajor Gowing erzählt uns: 'Die Franzosen und Türken hatten ihre Zelte, aber für uns waren keine da. Tausende von britischen Söhnen, die gekommen waren, um für Königin und Heimat zu kämpfen, waren ohne Unterkunft jeglicher Art an Land gekommen.'

Ein verbeultes Horn aus jener Zeit

Jacke und Feldmütze eines Offiziers

Eine zeitgenössische Lithographie, welche uns die Offiziersuniform aus der Zeit des Krimkriegs zeigt

FÜSILIERSMUSEUM — KRIMKRIEG

DAS MUSEUM DES KÖNIGLICHEN REGIMENTS DER FÜSILIERE

EIN AUGENZEUGENBERICHT ÜBER DIE SCHLACHT VON ALMA

' Vor uns waren 14 Geschütze und noch weitere an unseren Flanken. Insgesamt ließen 42 Geschütze Tod und Zerstörung auf uns nieder regnen. Wir sprangen in die Batterie, vernagelten die Geschütze und bajonettierten oder erschossen die Schützen, waren jedoch nicht stark genug; eine überwältigende Macht schleuderte uns aus der Batterie und wieder den Hügel hinab. Wir hatten mehr als die Hälfte unserer Männer verloren, sie waren entweder tot oder verwundet, und unsere Flagge war verschwunden, aber Gott sei Dank war sie nicht in Feindes Hände gefallen. Wir fanden sie auf dem Schlachtfeld, zerschnitten und zerrissen und mit eine Vielzahl an Toten und Verwundeten rundum. "Ein Sieg, der aber viel kostete", rief unser armer, alter Oberst oben auf dem Hügel, "eine Flagge weg und wo sind meinen armen, alten Füsiliere? Mein Gott!", und er weinte wie ein kleines Kind.

Kanonenkugeln von Alma

Der Tod des Oberst Lacy Yea

Mit der Schlacht von Inkermann begann für die britische Armee ein noch nie zuvor erfahrenes Elend, während sie die russische Garnison Sebastopol bewachte. Die Schlacht hatte lediglich wieder einmal bewiesen, das der britische Soldat durch seinen heroischen Mut die Fehler seiner Befehlshaber, die eine Position gewählt hatten, die sich von militärischer Sicht nicht halten ließ, ausglich. Aber es sollte noch schlimmer kommen. Im Juni des darauffolgendes Jahres nahmen die Füsiliere an einem mißglückten Versuch beteiligt, die stark verteidigten Wälle bei Sebastopol, die als Redon bezeichnet wurden, einzunehmen. Sie erlitten 87 Verluste, einschließlich ihres Oberst Lacy Yea, der durch Kartätschenfeuer getötet wurde, als er seine Männer gegen die russischen Geschütze anführte

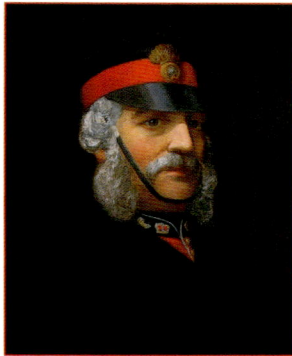

Die Ruinen von Sebastopol

'DER SCHRECKLICHE MORGEN DES 5. NOVEMBER'

Anfang November 1854 belagerten die Füsiliere Sebastopol, als die Russen einen Ausbruch versuchten und somit am 'schrecklichen Morgen des 5. November' die Schlacht von Inkermann auslösten. Die Füsiliere unter Oberst Lacy Yea führten wie üblich an der Front. Die Schlacht war eher eine Reihe von Handgefechten, bei denen die Wissenschaft und Taktik der Kriegführung ignoriert wurden. Die Füsiliere gewannen durch pausenloses Niedermetzeln ihrer Gegner an Boden und trugen somit an den feuchten Hängen von Inkermann zum Sieg bei, der jedoch viel kostete.

Das Diorama im Museum beschwört die Schlacht von Alma herauf

LEUTNANT HOPE VERDIENT SICH DAS VIKTORIAKREUZ

William Hope, Leutnant des 7. Regiments

Nachdem sich die Truppen am Morgen des 18. Junis 1855 zurückgezogen hatten, wurde Leutnant W. Hope von Feldwebel William Bacon, der selbst verwundet war, informiert, daß Leutnant und Adjutant Hobson schwer verwundet außerhalb der Schützengräben lag, wonach er nach draußen ging, um ihn zu suchen, und ihn auch in einem alten Feldgraben fand, der in Richtung linker Flanke des Redan verlief. Er kehrte darauf hin zurück und holte vier Männer, um ihn herein zu holen. Als er jedoch feststellte, daß Leutnant Hobson nicht ohne Tragbahre geholt werden konnte, lief er dann über offenes Gelände zu Egerton's Pit, wo er eine Bahre holte und diese dann dorthin trug, wo Hobson lag. All dies geschah unter schwerem Beschuß von der russischen Batterien. Leutnant Hope erhielt sein Viktoriakreuz persönlich von Ihrer Majestät Königin Viktoria am 26. Juni 1857 im Hyde Park.

Im Jahr 1893 wurde beim Kriegsministerium für Leutnant Hope, aufgrund seines mutigen Verhaltens bei der Explosion des französischen Munitionslagers im November 1855, ein Antrag für ein Abzeichen am Viktoriakreuz gestellt. Der Antrag wurde unter Klausel V des 'Royal Warrant' (königl. Mandat), das sich auf die Verleihung zweiter Auszeichnungen bezieht, abgewiesen.

Das Viktoriakreuz - die höchste militärische Ehre Großbritanniens. Jede Medaille wird von einem im Krimkrieg eroberten russischen Geschütz hergestellt

DAS MUSEUM DES KÖNIGLICHEN REGIMENTS DER FÜSILIERE

DIE INDISCHE TAPFERKEITSMEDAILLE 1854 - 1895 "UMBEYLA"

Diese Medaille mit der Ordensspange "UMBEYLA" wurde für Dienste an Nordwestgrenze Indiens zwischen dem 20. Oktober und dem 23. Dezember 1863 zuerkannt. Diese Einsätze richteten sich gegen die Hindustanistämme in Sittana und deren Dorf Malka. Die 'Euzofzai Field Force' unter dem Befehl von Brigadekommandeur Sir Neville Chamberlain zog in dem Umbeyla-Paß und das Chamia-Tal, wo sie auf Widerstand traf, den sie nicht bewältigen konnte. Verstärkungen trafen nach und nach bis November ein und während dieses Monats wurde der Kommandeur schwer verletzt, als er eine Gegenattacke gegen den berühmten Crag Picquet anführte. Schließlich beschloß der Oberbefehlshaber Sir Hugo Rose weitere Verstärkung zu schicken und ernannte Generalmajor Garvock zum Nachfolger von Chamberlain. Die Truppen wurden in zwei Brigaden organisiert, die dann die Hindustanis aus den Tälern vertrieben, wonach dann eine kleine Truppe unter Oberst Reynell-Taylor unter Eskorte einer Rekognoszierungsmannschaft einschritt und Malka niederbrannte. Bei dieser Expedition erlitt die britische Seite 900 Verluste und gewann dabei erhebliche Kenntnis bezüglich dieser Art von Kriegführung gegen widerspenstige Partisanen in den Bergen. Als die Situation nicht so gut verlief, schickte der Oberbefehlshaber Major Frederick Roberts, R.A., den späteren Feldmarschall Lord Roberts von Kandahar, in den Distrikt, um die Situation abzuschätzen, was er dann auch mit der Genauigkeit und Charme tat, die bereits hier auf seine spätere Karriere hinwiesen

ORDNUNGSHÜTER

Der Indische Aufstand begann am 10. Mai 1857 in Meerut und sobald die Nachricht England erreichte, wurden eiligst Verstärkungen geschickt, zu denen auch das 1. Bataillon der Königlichen Füsiliere gehörte. Dies war der erste Einsatz des Regiments in Indien, wobei jedoch, als es dort ankam, das Schlimmste der Rebellion bereits vorbei war.

'Macht weiter, Jungs'

DES EMPIRE

Die dem 1. Bataillon der Königlichen Füsilieren im Juli 1876 präsentierte Fahne

DER INDISCHE AUFSTAND & DIE GRENZFELDZÜGE (1857 - 1880)

Das 1. Bataillon der Königlichen Füsiliere, Peshawar, Indien 1864

Die letzte Phase des Kriegs wurde in Zentralindien ausgefochten und nach Kämpfen intensiver Grausamkeit wurde die Rebellion schließlich 1859 niedergeschlagen. Die Füsiliere nahmen an den Kämpfen wenig teil, denn sie wurden zur Besetzung des Punjab beordert, wo die Anwesenheit britischer Truppen unerläßlich war, um sicherzustellen, daß die Bevölkerung passiv blieb.

Obwohl die Füsiliere gelegentlich schwer an Cholera litten, zeichnete sich ihr Aufenthalt in Indien durch lange Zeiträume friedlicher Inaktivität aus, die durch kurze, intensive Perioden von Feldzügen unterbrochen wurde. Ein Offizier beschrieb einen typischen Tag in Indien so: -

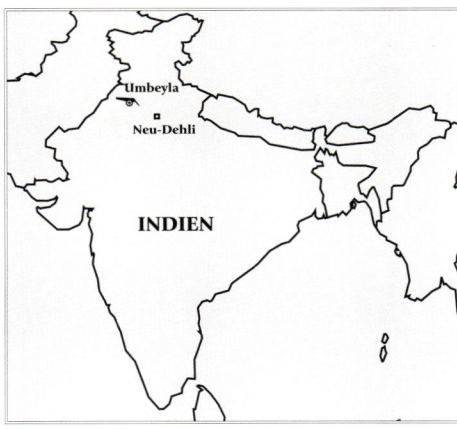

'Frühe Parade - Frühstück - Ordonnanz und Besuch bei der Kompanie, wo wir uns aufhielten, bis der befehlshabende Offizier nach Hause gegangen war - Mittagessen - bis 4 Uhr nachmittags schlafen, danach Polo oder Tennis - Drinks im Club bei Sonnenuntergang, bis wir dann zum Abendessen zur Messe zurückkehren.

In einer Atmosphäre friedlicher Inaktivität war ein gelegentlicher Feldzug eine angenehme Unterbrechung und an der nordwestlichen Grenze kam es häufig zu Zusammenstößen, wie z.B. dem bei Umbeyla im Jahr 1863, an dem die Füsiliere erfolgreich teilnahmen.

DAS MUSEUM DES KÖNIGLICHEN REGIMENTS DER FÜSILIERE

ERNSTE KONFLIKTE

KANADA 1866 - 67

Zwischen dem 31. Mai und dem 3. Juni 1866 überquerten die sogenannten 'Fenian Raiders' (die ehemalige 'Irish National Militia') unter dem Befehl des selbsternannten Oberst John O'Neill den Niagara-Fluß und besiegten bei Ridgeway die kanadische Miliz, bevor sie sich in den Staat New York zurückzogen. Demzufolge wurden über 20.000 Männer der Miliz aufgeboten. Die britische Garnison in Kanada und den maritimen Provinzen wurde unter Waffen gestellt und befand sich im Alarmzustand und Verstärkung wurde sofort losgeschickt. Das Bataillon verließ Quebec am 3. Juni, um seinen Posten infolge der Fenian-Einfälle in Kanada im Einsatz aufzunehmen. Nachdem die Fenians unterworfen waren, kehrte das Bataillon am 19. Juni nach Quebec zurück.

Kanada 1866, Feldlager bei St. Amand

Die kanadische Tapferkeitsmedaille wurde 1899 von Königin Viktoria genehmigt und von der kanadischen Regierung ca. dreißig Jahre nach der Kampagne verliehen. Sie wurde allen überlebenden Antragsstellern verliehen, obwohl sie von einigen, welche das Elend des Krimkriegs miterlebt hatten, als wertlos angesehen wurde. Diese Apathie ist möglicherweise in der Liste der Verdienstträger ersichtlich, denn man weiß, daß diese unvollständig ist. Der inzwischen vergangene Zeitraum trug auch nicht gerade zur Verbesserung des Ansehens der Medaille bei.

Brantford, Kanada, 1866 -
Die Parade der Königlichen Füsiliere auf dem Marktplatz mit den Kirby-House-Kasernen und dem Rathaus

Die örtliche Lokalwochenzeitung hieß die Königlichen Füsiliere willkommen, bemühte sich jedoch, auf folgendes hinzuweisen:

"Die Mädchen hier sind alle verlobt und wir erwarten, daß die Rotröcke dies zur Kenntnis nehmen und sich entsprechend verhalten!"

Das Bataillon wurde begeistert verabschiedet und es lagen keine Berichte über fehlerhaftes Verhalten vor und es wurden auch keine Zusätze bezüglich der Rationen des Bataillons verlangt. Es schiffte sich am 24. Juli an Bord der HMT Belgian nach England ein, nachdem es durch 5 Kompanien des 17. Regiments ersetzt worden war. Das Bataillon kam am 8. August bei Spithead an und ging am 9. von Bord, um in Fort Grange, Rownen, Gomer und Gosport Quartier aufzunehmen.

AFGHANISTAN 1880

Manchmal entwickelten sich örtliche Streitigkeiten zu ernsthaften Zwischenfällen. Großbritannien hatte schone lange vermutet, daß Rußland Absichten auf Afghanistan und dann über Afghanistan auf Indien selbst Absichten hatte, und versuchte daher 1878 dem Ameer von Afghanistan einen Vertrag aufzuerlegen. dieser wurde abgewiesen und dann, nachdem britische Streitkräfte ins Land gezogen waren, akzeptiert; kurz danach wurden jedoch der britische Gesandte in Kabul und sein Personal ermordet. Die Briten wollten diese Toten rächen und im August 1880 fanden sich die Königlichen Füsiliere als Bestandteil einer Garnison, die versuchtem Kandahar gegen eine große Anzahl afghanischer Streitkräfte zu halten. Das 2. Bataillon bildete das Rückgrat der Verteidigung bei Kandahar und zeichnete sich sehr aus. Abwohl die Position gefährlich und der Kampf heftig war, machte es sich durch viele Beispiele individuellen Heroismus' einen Namen. Schließlich wurde die Garnison durch General Roberts nach seinem berühmten Marsch von Kabul befreit und die Afghanen wurden schließlich bei der Schlacht von Kandahar besiegt. Pte Thomas Ashford erlangte in dieser Aktion sein Viktoriakreuz.

Die afghanische Verdienstmedaille mit der Kandahar-Ordensspange

ÄGYPTEN 1882 - 86

Am 17. November 1881 reiste das 1. Bataillon der Königlichen Füsiliere per Zug von Pembroke Dock und Newport, um im Tower von London Quartier aufzunehmen. Am 24. November wurde das Bataillon von Generalmajor G.W. Higginson, CB, Commanding Home District, gemustert. Am 29. Juli 1882 wurde ein Teil der Armeereserve 1- Klasse zurückberufen, um zu einer Expedition nach Ägypten aufzubrechen, um die Rebellion gegen Arabi Pascha gegen den Khedive niederzuschlagen, und siebzig Reservisten traten wieder dem 1. Bataillon im Tower von London bei. Oberstleutnant F. Keyser, der zum 1. Bataillon befördert worden war, stellte einen 'Corps of Army Signallers' (Armeesignalcorps) zusammen und übernahm den Befehl und Major G. Barton stellte einen 'Corps of Military Foot Police' (Militärinfanteriecorps) auf, wobei jeder jeweils während der folgenden Kampagne den Befehl über seinen Corps hatte.

Eine Wache der Königlichen Füsiliere wird vor dem Palast von General Gordon in Khartoum inspiziert

Die Khartoum-Trompete

Anfang Dezember 1885 ging der Befehl ein, daß man sich auf den Weg nach Ägypten vorzubereiten, um sich dort der Besatzungsarmee anzuschließen, und am 9. Dezember präsentierte Lady Adye, die Gemahlin des Generalgouverneurs von Gibraltar, dem Bataillon eine neue Fahne. die alte Fahne wurde zum Regimentsdepot in Hounslow zurückgebracht. Das Bataillon brach Ende Oktober bei Abbaseyeh sein Lager ab und kehrte nach Kairo zurück, und zog dann am Nil entlang nach Assuan. Nachdem sich die Situation im Land beruhigt hatte, begann der Abzug der britischen Truppen von Oberägypten Anfang 1887 und am 25. März zog das Bataillon auf dem Weg nach Kairo am Nil hinunter. Während der ersten Nacht nach dem Verlassen von Assuan fiel der Fahnenunteroffizier Ernest Silliphant beim Schlafwandeln über Bord und ertrank. Seine Leiche wurde geborgen und in Assuan beerdigt. Am 7. Dezember trat die Berittene Infanterie wieder dem Bataillon bei und erhielt von Oberstleutnant Barrow DSO, der die Berittene Infanterie in Ägypten unter sich hatte, einen günstigen Bericht. Anfang Januar 1888 verließ das Bataillon Kairo, um nach Suez zu ziehen, wo es sich an Bord von HMS Euphrates nach Bombay einschiffte.

Ein 'Glengarry'

DAS MUSEUM
DES KÖNIGLICHEN
REGIMENTS
DER FÜSILIERE

DER BUREN-

Lord Roberts hat das Kommando:
Britannien sah sich gezwungen, eine enorme Armee zu mobilisieren, und Kontingente wurden zudem von den sich selbst verwaltenden Dominions gesandt, wobei der Krieg schon sehr bald zu seinen Gunsten verlief. Als der britische Befehlshaber Lord Roberts am 5. Juni 1900 in Prätoria, der Hauptstadt von Transvaal, eintraf, schien der Widerstand der Buren gebrochen und der alte Präsident Krüger floh nach Europa. Am 25. Oktober wurden Transvaal und der Oranje offiziell an das britische Empire angeschlossen. Die Buren kämpften jedoch weiter und es bestand ein langer Guerillakrieg, bis sie schließlich im Mai 1902 die Kapitulationsbedingungen unterschrieben. Das 2. Bataillon des Regiments gewann für seine Fahne die folgenden Auszeichnungen: 'Relief of Ladysmith' und 'South Africa, 1899-1902'.

Der Südafrikaorden der Königin Viktoria, 1899-1902

FÜSILIERSMUSEUM SÜDAFRIKA

Über mehrere Jahre hinweg waren die holländischen Ansiedler in Südafrika, die sich den britischen Gesetzen nie gerne unterworfen hatten, allmählich nach Norden vorgedrungen, wo sie nach zahlreichen Kriegen mit einheimischen Stämmen zwei Kolonien, nämlich Transvaal und Oranje gegründet hatte.

KRIEG 1899-1902

'Macht weiter, Jungs'

Das 2. Bataillon der Königlichen Füsiliere geht in Südafrika vom Schiff Pavonia an Land und schloß sich den Truppenzügen zur front an. - "Dieser edle Trupp an Männern verließ England am 22. Oktober 1899 und nahm an vielen Kämpfen teil."

SÜDAFRIKA

Im Jahr 1881 führten die Forderungen der Buren nach völliger Unabhängigkeit zu Kämpfen mit britischen Truppen und die britische Regierung erkannte schließlich unter Vorbehalt die beiden Republiken an. Die Entdeckung von Gold und Diamanten und die Gründung von mächtigen Bergewerkskorporationen in den benachbarten britischen Kolonien, die zudem die Ausnutzung der Territorien der Republik zuließen, führte zu ständigen Unstimmigkeiten, die ihren Höhepunkt im berühmten Jameson Raid von 1896 und dem berühmten Telegramm des deutschen Kaisers, in dem er Präsident Krüger zum Sieg über die Plünderer gratulierte, führten.

Das Bärenmützenabzeichen der Offiziere; die Freiwilligen trugen Silber - die regulären Offiziere trugen Gold

DIE KÖNIGLICHEN FÜSILIERE IN SÜDAFRIKA

Die Spannung zwischen Britannien und den Buren entwickelte sich 1899 zum richtigen Krieg und britische Expeditionsstreitkräfte, einschließlich des 2. Bataillons der Königlichen Füsiliere, wurden zum Kap gesandt. Die Buren, die in ihre eigenen, erheblichen Fähigkeiten großes Selbstvertrauen hatten schlugen zuerst zu. Sie erwiesen sich sofort als eine Macht, mit der man rechnen mußte, und hielten 10.000 britische Soldaten in Ladysmith und noch mehr in Kimberley und Mafeking fest, deren Befreiung die Hauptinitiative der Briten während des ersten Teils des Kriegs war. Königin Viktoria starb leider im Jahr 1901 und der Südafrikaorden der Königin wurde durch den des Königs ersetzt.

Der Südafrikaorden des Königs, 1901-1902

31

DAS MUSEUM DES KÖNIGLICHEN REGIMENTS DER FÜSILIERE

1903 nahm Großbritannien Anzeichen von russischen Eingriffen in Tibet wahr. Das Land war seit langem isoliert und xenophobisch, aber 1903 empfing sein Führer, der Dalai Lama, in der 'verbotenen Stadt' Lhasa, zu der angeblich kein Ausländer Zutritt hatte, eine sogenannte russische Handelsmission.

'Macht weiter, Jungs'

THE YOUNGHUSBAND EXPEDITION OF 1904

Die Briten, die entschlossen waren, sich den russischen Einflüssen an den Grenzen zu Indien zu widersetzen, sandten eine Mission von Darjeeling ab, die unter dem Kommando des Oberst Younghusband stand und von einer starken Eskorte indischer Truppen geschützt wurde. Die Tibetaner kämpften schlecht, jedoch verbissen, und es gelang ihnen, die Expedition durch Besetzung der massiven Feste Gyangtse Jong auf der Straße nach Lhasa aufzuhalten. An dieser Stelle wurde aus Indien Verstärkung herbei gerufen und vier Kompanien vom 1. Bataillon der Königlichen Füsiliere, der größten britischen Streitmacht, die bei der Expedition zum

Eine Offiziersepaulette

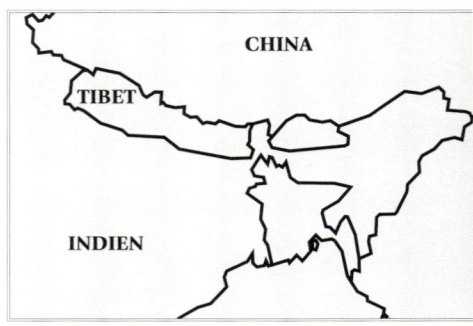

Museumsausstellung, welche die Younghusband-Expedition in Tibet zeigt

Unten: Der Tibetorden 1903-04 mit der 'GYANGTSE'-Ordensspange

Einsatz kam, trugen zum Sieg über die Tibetaner bei Gyangtse Jong am 6. Juli 1904 bei. Sie wurde das einzige britische Regiment, daß auf einer Höhe von 5000 Meter in ein Gefecht verwickelt wurde.

Die Expeditionsstreitkraft betrat Lhasa im August und während Oberst Younghusband mit den Tibetanern komplizierte Negotiationen einging, kämpften die Truppen in der primitiven und schmutzigen Stadt mit Spielen und Wettstreiten gegen die Langeweile. Am 7. September begleiteten die Füsiliere schließlich Younghusband in den großen Potala-Palast für eine Zeremonie, bei der ein Abkommen mit den Tibetanern unterschrieben wurde.

Die Miliz, die Jahrhunderte lang die Hauptverteidigungskraft des Landes war, wurde von König Karl II neu organisiert und somit effizienter gemacht und zudem auch ganz unter die Kontrolle des Königs gebracht. Die Miliz wurde allmählich immer weniger eingesetzt und am 12. Mai 1859 wurde die Aufstellung einer Freiwilligenstreitkraft genehmigt.

'Macht weiter, Jungs'

1859–1996

Die Drohung einer französischen Invasion des britischen Festlandes führte zur Bildung der sogenannten 'Volunteer Force' (Freiwilligenstreitkraft) im Jahr 1859. Das 19. Middlesex Rifle Volunteer Corps, das 1859 von Tom Brown formiert wurde, der durch seine 'Schultage' berühmt wurde (bezieht sich auf ein englisches Buch mit dem Titel "Tom Brown's Schooldays") und das 46. Corps von 1861 wurden 1883 jeweils das 1. und 2. Freiwilligenbataillon der Königlichen Füsiliere (The City of London Regiment) und übernahmen Uniform und Traditionen des Elternregiments.

1890 folgten ihnen zwei weitere Bataillone. Alle vier Freiwilligenbataillone schickten Männer in den Südafrikakrieg von 1899-1902 zusammen mit den 'City Imperial Volunteers', der 'Imperial Yeomanry' und den 'Volunteer Service Companies' der Königlichen Füsiliere. 1908 wurde das London Regiment als Teil der 'Territorial Force' (Landwehr) formiert und die ersten vier Bataillone der City of London trugen das Abzeichen der Königlichen Füsiliere.

Diese vier Bataillone wurden während des Ersten Weltkriegs auf 19 erhöht und kämpften in Frankreich, Flandern, Gallipoli und Ägypten und erlitten auf diesen Schlachtfelder schwere Verluste. Das London Regiment wurde vielen Änderungen unterzogen, was dazu führte, daß es 1937 auseinander ging.

Das 3. und 4. Bataillon wurden zu einer Rolle in der Artillerie konvertiert, obwohl sie ihre Verbindung zu den Königlichen Füsilieren aufrecht erhielten, während das 1. und 2. Bataillon, das 8. und 9. Bataillon der Königlichen Füsiliere bildeten und unter Auszeichnung während des Kriegs 1939-45 dienten. Die Traditionen und Bräuche der ehemaligen Königlichen Füsilierfreiwilligen werden heute von der 'C'-Kompanie (City of London), dem London Regiment, fortgesetzt, deren Quartier das ehemalige Hauptquartier des 2. London Regiments in Balham ist.

Gürtelschnalle der Rifle Volunteers des 46. Middlesex Corps

Interimsuniform der Offiziere

Vom Fahrradcorps des 1. Freiwilligenbataillons der Königlichen Füsiliere an Hauptmann H.C. Foulkes in Erinnerung an die Erfolge des Corps unter seinem Befehl in den Jahren 1895 & 1896 und als Zeichen des Respekts

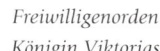

Freiwilligenorden Königin Viktorias

1846

1865

1903

DAS MUSEUM
DES KÖNIGLICHEN
REGIMENTS
DER FÜSILIERE

**MONS –
DIE ERSTE
SCHLACHT**

Der Krieg zwischen Großbritannien und Deutschland hatte lediglich vier Tage zuvor begonnen, als das 4. Bataillon meldete,, daß es mobilisiert und einsatzbereit war. Weitere vier Tage später, nämlich am 12. August, landete das Bataillon in Le Havre. Die Füsiliere wurden von den Franzosen willkommen geheißen und versuchten als Gegengruß, die 'Marseillaise' zu pfeifen, wobei sie jedoch schon bald auf das populäre Varietélied 'Hold your hand out you naughty boy' überwechselten. Sie sangen dieses Lied mit so großer Begeisterung und Inbrunst, daß die Franzosen ihre Kopfbedeckungen abnahmen, weil sie glaubten, daß es sich hierbei, da es der 'Marseillaise' folgte, um die britische Nationalhymne handeln mußte. Leider war dies nicht das letzte Mißverständnis zwischen den beiden alliierten Ländern, die trotz der Tatsache, daß sie sich in der Vergangenheit oft als Feinde gegenüber gestanden hatten, standhaft zusammenhielten.

DER

FÜSILIERSMUSEUM　　　　　　　　1. WELTKRIEG

Am 28. Juni 1914 trat ein Man aus der Volksmenge, welche die Straßen von Sarajewo säumten, und feuerte einen Revolver auf die Kutsche des Erzherzogs Ferdinand von Österreich und seiner Frau und tötete beide. Durch diese Schüsse wurde ganz Europa in den Ersten Weltkrieg gestürzt.

DER ERSTE WELTKRIEG - DIE ENTWICKLUNG BIS ZU DEN FEINDSELIGKEITEN:

1. Die Formation zweier entgegengesetzter Machtblöcke in Europa; die Triple- Entende - Großbritannien, Frankreich und Rußland; die Triple- Allianz - Deutschland, Österreich und Italien.

'Macht weiter, Jungs'

ERSTE WELTKRIEG 1914-1919

DIE WELT BEFINDET SICH IM KRIEGSZUSTAND

Einen Monat darauf zog Österreich/Ungarn gegen Serbien in den Krieg und löste somit eine ganze Reihe von europäischen Bündnissen aus.

Am 4. August 1914 erklärte Großbritannien Deutschland den Krieg - einen Krieg, der die gesamte Nation und nicht nur die reguläre Armee betreffen würde. Man glaubte allerseits, daß der Krieg bis 'Weihnachten vorbei wäre', aber er zog sich vier lange, erschöpfende Jahre hin und zeichnete sich durch Inkompetenz höheren Ortes, sowohl im Zivil- als auch im Militärbereich aus, was jedoch durch die Courage und den Heroismus des gemeinen Soldaten ausgeglichen wurde.

2. Der Waffenwettstreit zwischen den beiden Blöcken.

3. Der Krisenherd auf dem Balkan; Österreich (das von Deutschland unterstützt wurde) fühlte sich von Serbien (das von Rußland unterstützt wurde) bedroht.

4. Die Ermordung von Erzherzog Ferdinand von Österreich durch einen bosnischen Terroristen gab Österreich den Vorwand zum Angriff auf Serbien, weil dieses die greuliche Tat unterstütze.

Eine deutsche Pickelhaube der Zeit

5. Österreich erklärte Serbien den Krieg, Rußland erklärte Österreich den Krieg, Deutschland erklärte Rußland und Frankreich den Krieg, Großbritannien erklärte Belgien den Krieg (Verletzung des Belgischen Neutralitätsabkommens von 1839).

Rekonstruktion im Museum von Leutnants M.J. Dease & Gefreitem S.F. Godley Erlangen der ersten Viktoriakreuze des Ersten Weltkriegs

Am 22. August war das 4. Bataillon an einem Kanalufer bei Mons in Belgien mit de Y- und Z- Kompanie in Position und stand sechs Bataillonen der deutschen Armee gegenüber. Am 23. August 1914 war das 4. Bataillon der Königlichen Füsiliere in ein heißes Gefecht von voranschreitenden deutschen Truppen verwickelt. Leutnant M.J. Dease war ein Gewehrführer, der eine Position auf der Eisenbahnbrücke am Stadtrand hielt. Die Batteriemannschaften hatten wenig Schutz und erlitten viele Verluste. Leutnant Dease, der infolge einer Kugelwunde am Knie an großen Schmerzen litt, feuerte seine Geschütze weiter in Richtung Feind. Dies bedeutete, daß er über offenes Gelände zu jeder Position kriechen mußte; er wurde mindestens dreimal getroffen und erlag seinen Wunden. Es wurde ihm posthum das Viktoriakreuz verliehen. Inzwischen waren alle Batteriemannschaften tot oder schwerverletzt. Der Gefreite S.F. Godley meldete sich auf den Aufruf, nach einem jeden, der wußte, wie man ein Maschinengewehr handhabt, räumte eine Position und brachte ein Gewehr in Aktion. Kurz darauf wurde das Gewehr getroffen und der Gefreite Godley schwer verletzt. Er fiel in deutsche Hände, nachdem er sein Maschinengewehr in den Kanal geworfen hatte. Während seiner Gefangenschaft wurde er durch die Nachricht, daß auch ihm das Viktoriakeuz verliehen worden war, aufgemuntert.

GALIPOLI 1915 - *ein teuer Fehler*

Die Türkei trat gegen Ende 1914 auf der deutschen Seite dem Krieg bei und schnitt somit die russischen Versorgungsrouten zum und vom Schwarzen Meer über die Dardanellen ab und begann einen Angriff gegen Rußland im Kaukasus am Jahresende. In einer Bemühung, die Versorgungsrouten freizulegen, planten die Briten einen Flankenangriff, welcher eine Bahn zu den Dardanellen brechen und eine Verbindung mit Rußland herstellen würde und somit Deutschland von seinen türkischen Alliierten abschneiden würde. Diese Idee wurde von Winston Churchill in seiner Rolle als Marineminister vertreten, entwickelte sich jedoch zu einem völligen Desaster. Als das 2. Bataillon der Füsiliere, das zu Beginn des Kriegs in Indien war, zusammen mit den vier Landwehr-Füsilierbataillonen endlich Ende April 1915 landete und die ersten Truppen an den schmalen Stränden an Land gebracht hatte, waren die Türken bereits mehrere Monate im voraus von den Absichten der Alliierten unterrichtet und gut vorbereitet. Die

Eine dramatische Interpretation der HMS Implacable in den Dardanellen während der Landungen bei Gallipoli

Landung war ein Alptraum. Leutnant Newman, der Befehlshaber des Bataillons, beschrieb die Szene in einem Brief von Gallipoli:

'Die Schiffe mußte schon bald ihr Feuer auf die Strände einstellen. Sofort eröffnete der Feind das Feuer und es begann ein derart furchtbares Gemetzel, wie ich es hoffentlich niemals wieder sehen werde.'

Unter größter Anstrengung und nach mehreren Episoden an außerordentlichem Heroismus sicherten die Füsiliere ihren Strand und einen kleinen Landstrich, konnten jedoch nicht weiter vordringen. Beide Seiten ließen sich auf einen kargen Krieg in Schützengräben ein, bei dem sich blutigen Angriff und blutiger Gegenangriff abwechselten. Im August versuchten die Alliierten durch das Landen von Truppen bei Sulva, hinter der rechten Flanke der Türken, einen Vorteil zu verschaffen, wobei jedoch anfänglich Erfolge nicht erhalten werden konnten. Es sah aus, als ob die Bemühungen der Füsiliere, deren Verluste bis zum 14. September 90 Offiziere und 1.646 andere Ränge ausmachten, nicht erreichen würden. Bei hereinbrechendem Winter wurden die Bedingungen immer schlimmer und am 26. November wurde die Position der Füsiliere überschwemmt und wirbelte tote Türken in die britischen Schützengräben und ertränkte mehrere Mitglieder des Regiments. Der Flut folgte ein Schneesturm. Am nächsten Morgen fand man tote und erfrorene Männer. Bis Monatsende bestand das Bataillon lediglich aus 11 Offizieren und 105 anderen Rängen und es erging der Befehl zur Evakuierung der Halbinsel. Am 2. Januar 1916 verließen die Überreste des 2. Bataillons der Königlichen Füsiliere den 'W'-Strand. Sie waren in einem eng besetzten Truppenschiff angekommen und fuhren in einem Fischdampfer, auf dem noch viel Platz war, ab.

SIEG - *die Abrechnung*

Die deutsche Offensive hatte sich bis April 1918 verbraucht, aber die britische Armee war zahlenmäßig und strategisch schwach. Die Wende begann jedoch mit der Schlacht bei Amiens im August 1918. Am 26. September griffen die Alliierten nördlich von Verdun an. Die Deutschen, die nacheinander von ihren Verbündeten verlassen wurden, versuchten, einen Waffenstillstand auszuhandeln, aber inzwischen war ein Ende in Sicht. Bis Anfang Oktober war die gesamte Hindenburg-Verteidigung gefallen und der Durchbruch der Alliierten war komplett. In der 11. Stunde des 11.Tages des 11.Monats trat Waffenstillstand ein. Und so endete der 'Krieg, der alle Kriege beendigen sollte'. Der Preis war hoch. Von den 235.476 Füsilieren, die am Krieg teilnahmen, fielen 21.941. Zahllose andere wurden verwundet oder gefangen genommen. In diesem Krieg wurden den Männern des Regiments 838 Auszeichnungen für Tapferkeit verliehen und 842 wurden für Tapferkeit im Dienst ehrenvoll erwähnt. Und dies aus 70 Bataillons an Königlichen Füsilieren, die während des Kriegs aufgestellt wurden.

Obwohl der Krieg vorüber war, empfand man es für notwendig, Expeditionsstreitkräfte nach Nordrußland zu senden, um die Streitkräfte der Weißrussen zu unterstützen. Diese Streitkräfte enthielten zwei Bataillone von Königlichen Füsilieren, deren Mitglieder die letzten beiden Viktoriakreuze des Ersten Weltkriegs verliehen bekamen.

DIE VERLUSTE		
Briten und Alliierte		Deutsche und Alliierte
5,013,627	GEFALLEN	3,421,045
10,437,181	VERWUNDET	8,419,533
15,450,808	INSGESAMT	11,840,578

Sie werden nicht alt werden, wie wir, die wir zurückblieben, um alt zu werden.
Das Alter wird sie nicht erschöpfen, und die Jahre werden sie nicht verurteilen.
Bei Sonnenuntergang und am Morgen werden wir ihrer gedenken.

IN MEMORIAM
Im Museum findet sich eine kleine Bronze des Kriegsdenkmals, das von dem berühmten Bildhauer Albert Toft, das sich an Holborn Bars, gerade innerhalb der City of London, dem traditionellen Standort des Regiments, befindet. Die Inschrift lautet:

"TO THE GLORIUS MEMORY OF THE 22000 ROYAL FUSLIER WHO FELL IN THE GREAT WAR"
(Der glorreichen Erinnerung an die 22000 Königlichen Füsiliere, die während des Ersten Weltkriegs fielen)

Links:
Flandern 1916
Das 20. Bataillon stellt sich inmitten einer Szene der Verwüstung für eine Fotografie.

DAS MUSEUM DES KÖNIGLICHEN REGIMENTS DER FÜSILIERE

KAMPAGNEN WÄHREND DES ZWEITEN WELTKRIEGS

Während des Kriegs 1939-1945 nahmen Bataillone der Königlichen Füsiliere an den folgenden Kampagnen teil:

FRANKREICH 1940

DIE VERTEIDIGUNG GROSSBRITANNIEN 1940-41

IM MITTLEREN OSTEN UND SYRIEN 1939-43

IN DER WESTLICHEN WÜSTE UND IM IRAK 1943-44

NORDWESTAFRIKA 1942-43

ITALIEN 1943-45

1939-1945
Stern

DER

FÜSILIERSMUSEUM   ZWEITER WELTKRIEG

Die Geschichte der Königlichen Füsiliere ab 1939 zeigt uns ein Infanterieregiment, das sich allmählich den sich schnell ändernden Arten der Kriegführung anpaßt, wobei Flexibilität und Anpassungsfähigkeit Ausdauer als die Haupttugenden eines Infanteristen ersetzen.

Ein Kampfhelm der Königlichen Füsiliere mit Kugelloch

'Macht weiter, Jungs'

ZWEITE WELTKRIEG   1939-1945

RÜCKKEHR ZUR WESTFRONT

Die großen Massen an Infanterie des Ersten Weltkriegs waren nicht mehr notwendig; im Zweiten Weltkrieg wurden lediglich 17 Füsilierbataillone aufgestellt, von denen nicht alle aktiv am Krieg teilnahmen. Viele Bataillone wurden transformiert und es wurden ihnen neue Funktionen übertragen - so wurde zum Beispiel das 10. Bataillon ein Suchregiment, andere wurden zu Luftschutz-, Panzerschutz- oder Aufklärungseinheiten. Es ist nur natürlich, daß die Füsiliere diese Änderungen bedauernden, wobei sie jedoch schnell deren Bedeutung erkannten.

Ein frühes Model der Standardausgabe des Kampfhelm für deutsche Soldaten im zweiten Weltkrieg - mit Luftlöchern

Das 2. Bataillon war während des gesamten Rückzugs durch Belgien und Frankreich im Einsatz, wo dann die Überreste von den Stränden bei Dünkirchen evakuiert wurden.

India Ltd. 'V for Victory' Zigaretten (Victory = Sieg)

39

DAS MUSEUM DES KÖNIGLICHEN REGIMENTS DER FÜSILIERE

DER KAMPF GEGEN ROMMELS ARMEE
- *die westliche Wüste*

Verbündung mit den 'Wüstenratten'

Wie das 1. Bataillon wurden auch das 8. und 9. Bataillon aktiv eingesetzt und sie waren im Mittleren Osten und im Afrikafeldzug unterwegs. nach der Ankunft in Kirkuk im Dezember 1942 wurden sie zum Schutz der äußerst wichtigen englisch-irakischen Ölinstallationen in Syrien eingesetzt. Anfang 1943 wurden sie beordert sich der 8. Armee in Nordafrika anzuschließen, um dort, wie man erhofften, den Streitkräften Rommels den letzten Schlag zu erteilen. Im Januar 1943 stieß das 2. Bataillon zu ihnen, das jetzt nach seinen Verlusten bei Dünkirchen neu formiert und neu ausgebildet war. Trotz der Heftigkeit der Kämpfe, der Rauheit der Wüste und einsamer Gefahrensituationen, denen der moderne Soldat bei seiner täglichen Aufgabe zunehmend gegenüber stand, erhielten die Füsiliere ihre Moral und Disziplin aufrecht.

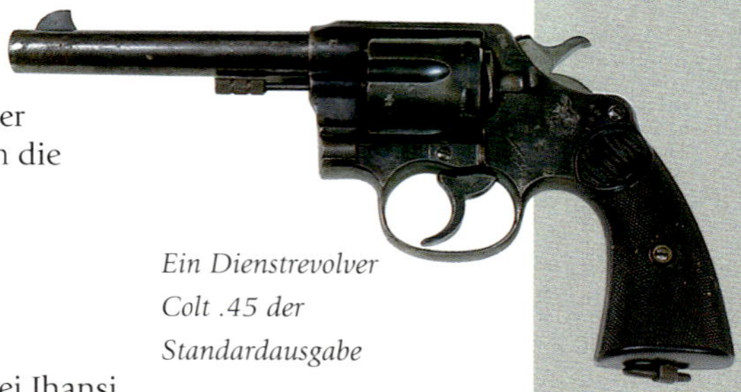

Die Wüstenratten!

Ein Dienstrevolver Colt .45 der Standardausgabe

ERFOLG BEI SIDI BARRANI

Bei Ausbruch des Kriegs war das 1. Bataillon zwei Jahre bei Jhansi in Indien stationiert gewesen und wurde als bestes britisches Bataillon unter der östlicher Befehlshaberschaft erachtet. Als es nach Nordafrika beordert wurde, um gegen die Italiener zu kämpfen, schrieb der Oberbefehlshaber an das Bataillon, 'Ich wünsche, ich wäre bei Euch. Ihr werdet für eure Regimentsgeschichte mehr Lorbeeren verdienen, was sich schwer übertreffen läßt.' Aber sogar der Oberbefehlshaber hätte nicht voraussehen könne, mit welcher Geschwindigkeit und Entscheidungskraft diese Lorbeeren gewonnen würden. Sobald das Bataillon die Italiener bei der Schlacht von Sidi Barrani im Dezember 1940 besiegt hatte, wurde seine Division, die 4. Indiendivision, abgezogen und unverzüglich beauftragt, die Italiener aus dem Sudan, Eritrea und Abessinien zu vertreiben.

Der Stern von Afrika

Feldwebel Myall erinnerte sich daran, als das 9. Bataillon unter Beschuß kam:

'Wir stießen aus den Olivenhainen auf offenes Gelände hervor und ich habe noch nie ein so großartiges Bataillon gesehen. Sie stießen in Abteilungsformation vor, genau wie bei einem Manöver ... ich war schon immer stolz auf mein Bataillon und ich wußte, daß es die edlen Traditionen des Regiments aufrecht erhalten würde.

DER ITALIENFELDZUG

Die Landungen der Alliierten bei Salerno und später auch Anzio mit Unmengen an Waffen und Ausrüstung sowie starker Unterstützung der Königlichen Luftwaffe zeigte das die Lektionen von Gallipoli gelernt worden waren, wobei jedoch die Füsiliere schon bald neue Fertigkeiten aneignen mußten.

'Donald Duck' war das italienische Maskottchen und Haustier des 9. Bataillons der Königlichen Füsiliere in Italien 1944. Bei dem Vogel handelte es sich um eine weibliche Tafelente

Ein großes Hindernis lag auf dem Vorstoß der Alliierten nach Rom- nämlich Monte Cassino. Dieses Kloster auf einem Berggipfel, das jetzt von den Deutschen befestigt worden war, beherrschte den Landweg durch das Liri-Tal völlig. Cassino war ein Beispiel für unveränderte rolle der Infanterie. Ein Füsilier schrieb nach Hause:

'Schon bald nach Beginn der Attacke begann es zu regnen. Der Nachschub mühte sich den Maultierpfad hinauf und verwundete Männer rutschen nach unten, wobei sie ständig beschossen wurden. Dies war kein Pfad für Verliebte, tote und stinkende Maultiere, Verwundete, wurden nach unten getragen, ihre Träger wahrscheinlich getötet, lagen stöhnend, bis jemand sie fand.'

Diese Beschreibung von Cassino im Jahr 1944 hätte genauso gut eine Beschreibung der Füsiliere bei Albuhera im Jahr 1811, New Orleans 1814 oder Mons 1914 sein können. Derartige Szenen würden sich später im zweiten Weltkrieg und dann auch wieder im Koreakonflikt wiederholen.

Links: Freund und Feind gleichermaßen - verwundete britische und deutsche Soldaten werden durch Cassino getragen, um ärztlich behandelt zu werden

Hauptabbildung: Ein 75mm Geschütz an einem Sherman-Tank feuert, um deutsches Heckenschützfeuer aus den zerstörten Gebäuden von Cassino zu unterbinden, während ein britischer Soldat auf den Angriff wartet

Fotografien mit freundlicher Genehmigung der Trustees of the Imperial War Museum
NA14985 & NA1 3805

DIE SCHLACHT VON MONTE CASSINO 1943-4

Am 2. Dezember begann die 167. Brigade mit dem Angriff auf das 300 Fuß hoch gelegene Monte Cassino, wobei das 1. und 2. Bataillon fast nebeneinander kämpften, nachdem sie seit 1919 zum ersten Mal wieder vereint waren.

*Ein Füsilier erinnerte sich an den Aufstieg zum Rendezvous auf dem Berg:
'In den letzten Phasen waren die Männer ... so erschöpft, daß wir ungefähr alle 10 Minuten Halt machen mußten. Bei jedem halt lag in meiner Nähe ein Offizier, der sich vor Erschöpfung erbrach ... Aber alle erreichten den Gipfel.'*

Es ist das äußerste Kennzeichen der Fertigkeit eines Regiments, wenn ein Bataillon ungestört unter den physisch anstrengendsten Umständen weiter kämpfen kann und sich gleichzeitig an die Folge einer komplizierten Schlacht halten kann. Dies taten die Füsiliere bei Monte Cassino und der endgültige Sieg war größtenteils ihrer Disziplin, ihres Mutes und ihren Fähigkeiten zu verdanken. Oberleutnant Black, der den Befehl über das 152. Feldregiment, R.A., inne hatte, schrieb am 14. Mai an Oberleutnant Evans der 2. Füsiliere:

'Vergeben Sie mir meine Anmaßung, aber ich muß einfach sagen, wie hervorragend meiner Meinung der Angriff Ihres Bataillons gestern war. Von meinem Beobachtungsposten auf Trocchio kann man das ganze Tal übersehen und ich werde wohl niemals mehr eine perfekte ausgeführte Attacke sehen.'

Der Stern von Italien

DAS MUSEUM DES KÖNIGLICHEN REGIMENTS DER FÜSILIERE

KOREA

Rechts: Die Bedingungen in Korea erforderten oft spezielle Vorsichtsmaßnahmen - Parka, Balaklavamütze, Schutzbrille

Die Tapferkeitsmedaille der Vereinten Nationen für Korea

Die Tapferkeitsmedaille der Königin für Korea

FÜSILIERSMUSEUM　　　　　　　　　　　　　　　　KOREA

Im Juni 1950 fiel das kommunistische Nordkorea in Südkorea ein. Die Vereinten Nationen reagierten darauf mit dem Senden von Truppen, einschließlich eines britischen Kontingent.

'Macht weiter, Jungs'

1950-1951

Manchmal arten Spannungen und Mißtrauen in Krieg aus. Dann fällt dem Soldaten eine verwirrende Aufgabe zu. Der Krieg muß in Grenzen gehalten werden; keiner darf auch nicht den geringsten Grund haben, Atomwaffen einzusetzen.

Zwei erschöpfte Füsiliere ruhen sich in einem Graben in Korea aus

Dieser Krieg soll nicht 'gewonnen' werden, sondern es sollte weiter gekämpft werden, bis eine Abkommen darüber getroffen werden kann, wie man den Krieg endet. Auf der anderen Seite werden diese begrenzten Angelegenheiten jedoch verwendet, um die Bereitschaft und Flexibilität der konventionellen Streitkräfte im Falle eines Atomkriegs zu testen. Korea hob die Art des Dilemmas hervor. Die Königlichen Füsiliere landeten im August 1952 in Korea und verließen das Land im August 1953. Bei ihrer Ankunft hatte sich der Verlauf des Kriegs wohl etabliert. In gewissem Sinne war er zu einem unreellen Krieg geworden, der von einer Reihe stillschweigender Vereinbarungen zwischen den beiden Seiten bezüglich dessen, was möglich war und was nicht, abhing und fast genauso formell wie eine Gefecht im 18. Jahrhundert war.

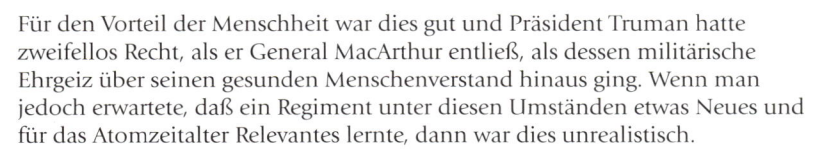

Für den Vorteil der Menschheit war dies gut und Präsident Truman hatte zweifellos Recht, als er General MacArthur entließ, als dessen militärische Ehrgeiz über seinen gesunden Menschenverstand hinaus ging. Wenn man jedoch erwartete, daß ein Regiment unter diesen Umständen etwas Neues und für das Atomzeitalter Relevantes lernte, dann war dies unrealistisch.

Unter den vielen Entbehrungen, an denen das Bataillon litt, war 'Operation Pimlico', die eine große Operation, an der das Regiment teilnahm, unnötig, obwohl die Füsiliere mit ihrem üblichen Mut kämpften. Füsilier Hodgkinson erhielt für seine Tapferkeit in dieser Schlacht sofort eine Tapferkeitsmedaille für hervorragende Leistung.

Ein leichtes Maschinengewehr aus chinesischer Herstellung, das während des Konflikts erbeutet wurde

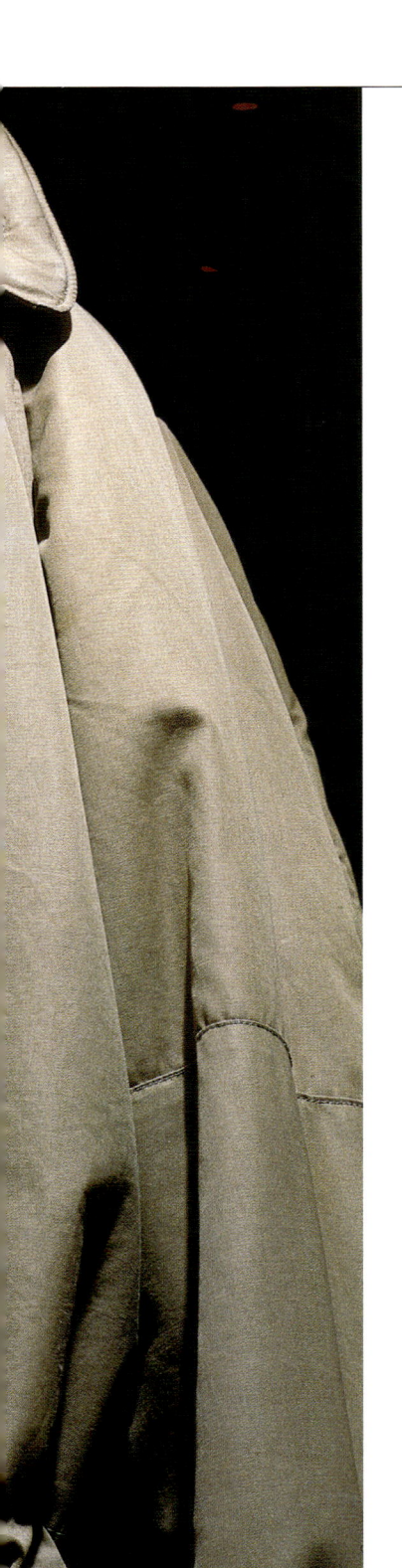

43

DAS MUSEUM DES KÖNIGLICHEN REGIMENTS DER FÜSILIERE

Am 23. April 1968 wurden die Königlichen Northumberland-Füsiliere, die Königlichen Warwickshire-Füsiliere, die Königlichen Füsiliere und die Lancashire-Füsiliere zu einem neuen, großen Regiment, nämlich dem Königlichen Regiment der Füsiliere, zusammengeschlossen, das vier reguläre Bataillone hat. Einsparungen in der Armee haben die Anzahl stetig reduziert und heute haben wir zwei reguläre Bataillone.

NORDIRLAND

NORDIRLAND

Obwohl der Dienst in Nordirland von einem Zuschauer als Routine angesehen werden könnte, ist dies für einen dienenden Füsilier, der weiterhin die Traditionen seines Regiments erhält, während er zur Erhaltung des königlichen Friedens in diesem unglücklichen Land beiträgt, nicht der Fall. Seine Geduld, Fähigkeiten und Nachsicht stehen im Dienst aller Einwohner, egal welcher sektärischen Seite sie angehören.

Das erste Bataillon der Füsiliere, das in seit Beginn der gegenwärtigen Probleme in Irland Diensts tat, kam dort im Juni 1970 an

Die Füsiliere haben seit 1970 über 30 Dienstzeiten in Nordirland hinter sich gebracht. Während des Einsatzes in der Provinz wurden 14 Füsiliere getötet und viele weitere verwundet. Ihre Kameraden tun jedoch weiterhin ihre Pflicht und dies mit der für die Füsiliere üblichen Begeisterung und Pflichterfüllung.

Zwei Füsiliere genießen ihre Zeit in der nordirischen Gemeinschaft

Am 14. September erklärte Großbritannien seine Absicht, eine große Streitmacht zu den alliierten Kräften in Saudi-Arabien zu senden, und am 12. Dezember machte sich das 3. Bataillon des Königlichen Regiments der Füsiliere auf den Weg von Deutschland zum Golf, um dort das britische Kontingent zu verstärken.

DAS MUSEUM DES KÖNIGLICHEN REGIMENTS DER FÜSILIERE

'Macht weiter, Jungs'

DER GOLFKRIEG 1990-91

UM 23 UHR AM 1. AUGUST 1990 STIESSEN IRAKISCHE STREITKRÄFTE NACH KUWEIT VOR UND ERNANNTEN SEHR SCHNELL EINE NEUE KUWEITISCHE REGIERUNG.

DER SICHERHEITSRAT DER UN BEFAHL SANKTIONEN GEGEN DEN IRAK UND AM 9. AUGUST MARSCHIERTEN IN SAUDI-ARABIEN AMERIKANISCHE TRUPPEN AUF.

DAS MUSEUM DES KÖNIGLICHEN REGIMENTS DER FÜSILIERE

Leutnant Sharon O'Connor, die einzige Frau, die beim 3. Bataillon im Golfkrieg diente

Ihre Königliche Hoheit, Königin Elisabeth II., genehmigte die Anerkennung des MILITÄRKREUZES für Hauptmann Anthony Guy Briselden des 3. Bataillons

Die Kampfgruppe des 3. Bataillons unter dem Befehl von Oberstleutnant A.L.D. de H. Larpent begann dann mit weiterem Intensivtraining, bevor sie am 25. Februar zu Beginn des Bodenkriegs in den Irak vorstieß.

OPERATION DESERT STORM

Füsiliere des Platton, 2, Kompanie A, machen auf ihrem Warrier-Panzer Pause

Das 3. Bataillon auf dem Marsch in den Golf

INS GEFECHT

Obwohl der Bodenkrieg kurz und intensiv war, trafen die 3. Füsiliere ständig mit den irakischen Streitkräften zusammen und spielten beim Vorstoß eine wichtige Rolle.

Leider erlitt das Bataillon während den letzten Phasen erhebliche Verluste, einschließlich von neun Gefallenen, als zwei seiner Warrior-Panzerfahrzeuge durch "freundlichen Beschuß' von den Flugzeugen der Alliierten zerstört wurden.

Die Bemühungen der Füsiliere wurden durch die Verleihung von zwei Kampftapferkeitauszeichnungen, nämlich 'Gulf 191' und 'Wadi al Batin' sowie die folgenden individuellen Auszeichnungen anerkannt: 1 DSO, 1 CBE, 1 MBE, 1 MC, 1 QGM, 1 BEM 1 MID.

General Schwarzkopf wendet sich am 30. März 1991 an das 3. Bataillon des Königlichen Regiments der Füsiliere

Eine Reihe von Tapferkeitsmedaillen aus dem Golfkrieg, Nordirland und Bosnien

Ein erbeutete Granatenabschußrampe russischer Herstellung, die während des Golfkriegs von den irakischen Streitkräften verwendet wurde

Rechs: Ein IFOR-Panzerfahrzeug begleitet einen Pferdewagen entlang einer öden Bergstraße in Bosnien

'Macht weiter, Jungs'

DER BALKAN

DAS MUSEUM DES KÖNIGLICHEN REGIMENTS DER FÜSILIERE

BOSNIEN

Als Folge des Zerfalls von Jugoslawien herrschte zwischen April 1992 und Oktober 1995 in Bosnien Krieg zwischen einzelnen Bevölkerungsgruppen. Zu jener Zeit wurden UN-Streitkräfte dort stationiert, um den Weg für Stabilität und Fortschritt vorzubereiten. Beide regulären Bataillone der Füsiliere dienten in Bosnien, das 1. Bataillon von August 1995 bis März 1996 und das 2. Bataillon von Mai bis November 1997 mit den UN- und danach mit den NATO-Streitkräften. Während dieser Dienste stellten sich die Füsiliere der Herausforderung auf hervorragende Weise und verdienten sich mit Recht einen ausgezeichneten Ruf in der ganzen Gegend sowie, bei der Armee und der Regierung.

Links: Drei Füsiliere studieren eine Landkarte Bosniens; ihre rot-weißen Federn heben sich deutlich vom Hintergrund ab

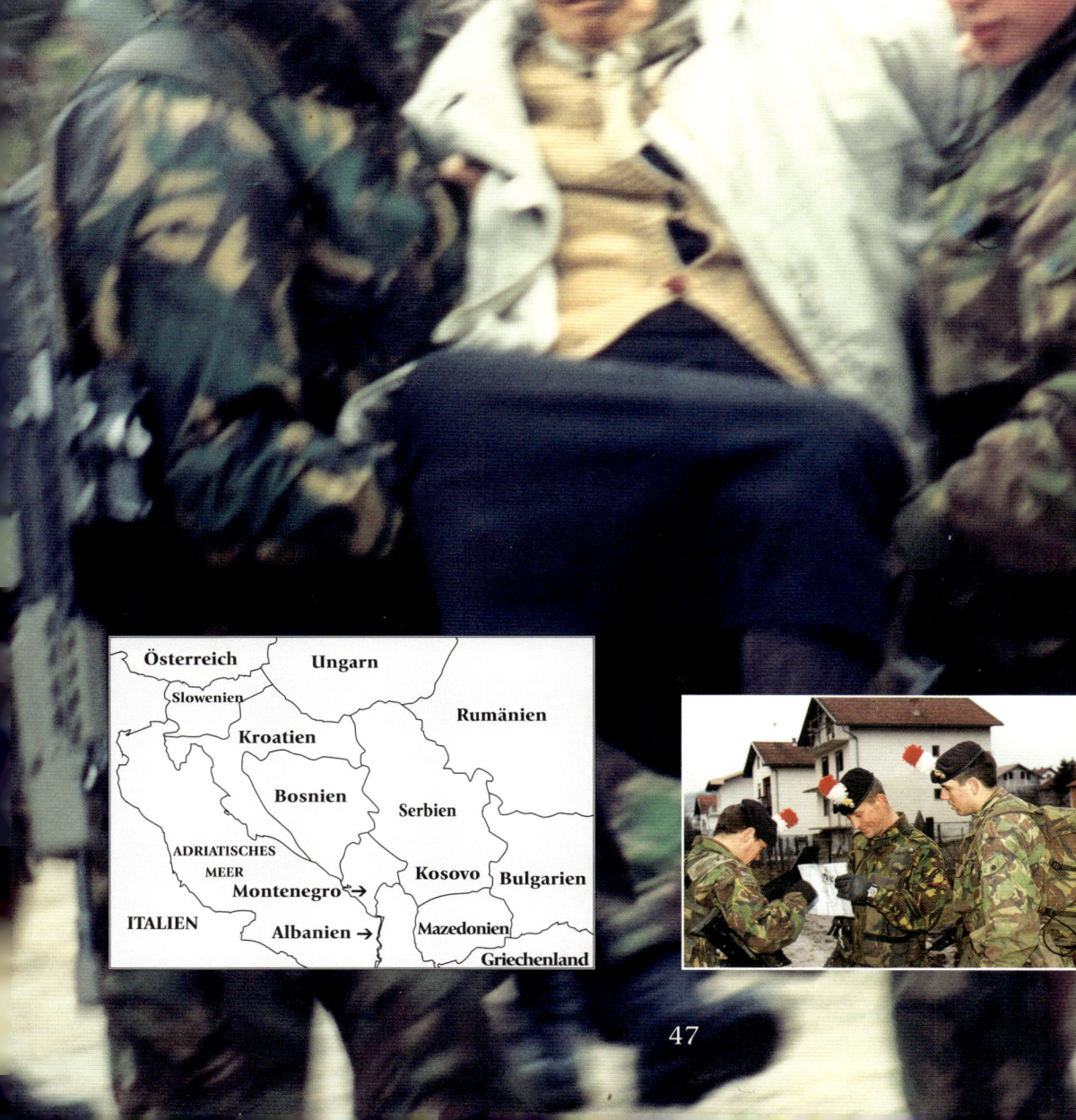

DAS MUSEUM DES KÖNIGLICHEN REGIMENTS DER FÜSILIERE

Das Museum ist während des Sommers montags bis samstags von 9.30 Uhr bis 17.30 Uhr und sonntags von 10.30 Uhr bis 17.30 Uhr geöffnet.

Während des Winters ist es montags bis samstags von 9.30 Uhr bis 16.30 Uhr und sonntags von 10.30 Uhr bis 16.30 Uhr geöffnet.

Das Museum ist am 1. Weihnachtsfeiertag und am Neujahrstag geschlossen.

Wir haben einen Museumsladen, in dem ein umfangreiches Angebot an Souvenirs des Regiments, sowie Drucke und Porzellanstücke zum Verkauf stehen, die bei jungen und auch nicht ganz so jungen Besuchern Anklang finden.

Aufgrund der Architektur des Gebäudes und der Ausstellungen bedauern wir, daß wir keine Einrichtungen für Behinderte bieten können.

Füsiliere vor dem Museum mit dem Regimentsmaskottchen

Die Offiziersmesse im Regimentshauptquartier für ein Diner gedeckt

Ein Fusilier im Kampfdress

Gut gemacht, Jungs!